Schuberth Der Mathematikunterricht in der 3. Klasse

Menschenkunde und Erziehung

92

Schriften der Pädagogischen Forschungsstelle
beim Bund der Freien Waldorfschulen

Ernst Schuberth

Der Mathematikunterricht in der 3. Klasse

Sachrechnen und schriftliche Rechenoperationen

Verlag Freies Geistesleben

Ernst Schuberth, geboren 1939, studierte Mathematik, Physik, Philosophie und Pädagogik. Er war Mitarbeiter am Mathematisch-Physikalischen Institut in Dornach und Klassen- und Oberstufenlehrer an der Rudolf Steiner-Schule München. 1974 wurde er Professor an der Pädagogischen Hochschule / Universität Bielefeld, 1978 war er Mitbegründer der Freien Hochschule für anthroposophische Pädagogik in Mannheim. Seit 1990 ist er außerdem in vielen europäischen und außereuropäischen Ländern als Dozent tätig.

Vorschläge zu Aufgabenblättern und anderes werden künftig unter **www.ernstschuberth.de** zur Verfügung gestellt.
Rückfragen werden vom Autor beantwortet.

1. Auflage 2016

Verlag Freies Geistesleben
Landhausstraße 82, 70190 Stuttgart
www.geistesleben.com

ISBN 978-3-7725-2592-6

Fotos: Charlotte Fischer
Einband: Bianca Bonfert, Foto: Charlotte Fischer
Druck: Druckhaus Nomos, Sinzheim
Printed in Germany

Inhalt

Vorwort

Dieses Buch zum Mathematikunterricht in der 3. Klasse an Waldorfschulen ist aus der langjährigen Arbeit mit tätigen und künftigen Klassenlehrern und Klassenlehrerinnen entstanden. Zusammen mit dem geplanten Folgeband für die 4. und 5. Klasse schließt es die Reihe der bisherigen Bücher zum Mathematikunterricht ab.

Es handelt sich – trotz der vielen unterrichtspraktischen Hinweise und Aufgaben – nicht um ein klassisches Schulbuch für die Hand der Kinder, sondern es möchte den Kolleginnen und Kollegen einen breiteren Hintergrund anbieten, aus dem sie einen letztlich selbstverantworteten Unterricht im Sinne der Waldorfpädagogik gestalten können.

Der Mathematikunterricht insbesondere in der 3. Klasse steht in engem Zusammenhang mit dem lebenskundlichen Duktus des gesamten Unterrichts: der Acker- und Hausbauepochen und der Behandlung einiger Ur-Berufe.

Ein Impuls war es, diese auf das praktische Leben bezogenen Inhalte von einer falschen und ungesunden Ästhetisierung freizuhalten, durch die nicht der Wille zum Schaffen an der stofflichen Welt entzündet und gestärkt wird, sondern die allzu leicht ins Illusionäre führt.

Wie echte künstlerische und seelisch belebende Inhalte gepflegt werden können, zeigt sich nicht zuletzt in der fachlichen Arbeit mit Zahlenrhythmen. Diese seelisch vertiefenden Elemente werden umso besser aufgenommen werden, je sachlicher andere Gebiete behandelt werden. Deshalb wurden auch kleine Exkursionen in eine Nagel-, Schrauben-, Verleim- und Stichkunde eingefügt. Vieles davon ist natürlich exemplarisch zu verstehen und möchte Mut machen, sich auf Lebenspraktisches einzulassen.

Ein Buch wie dieses kann nur in der Auseinandersetzung mit den Gedanken anderer entstehen. Zu danken habe ich unter den vielen hier nicht genannten Menschen Rudolf Steiner für seine fach- und menschenkundlichen Anregungen zum Lehrplan,[1] dem Schweizer Mathematiker Louis Locher-Ernst für seine inhaltliche Auffassung der Mathematik, meinem Freund Georg Glöckler für die Gespräche über das *rhythmologische Rechnen*, wie wir es genannt haben, und in unterrichtspraktischer Hinsicht meiner lieben Frau Erika Schuberth, die den Stoff mit pädagogischem Enthusiasmus den Kindern stets seelisch belebend nahebringen konnte. Nicht nennen kann ich die vielen Kolleginnen und Kollegen, die in Kursen und Gesprächen die mathematikdidaktischen Fragen durchdachten und so halfen, sich wesentliche Aspekte der Inhalte zum Bewusstsein zu bringen.

Für die konkrete Ausarbeitung dieses Bandes habe ich dem geschätzten Kollegen Adolf Fischer (Ulm) zu danken, der immer wieder Geschriebenes kritisch durchsah, selber schrieb und damit viele Teile wesentlich beeinflusste. Seine Impulse zielen stets auf eine solide Unterrichtspraxis und werden vor allem im

Folgeband zur 4. und 5. Klasse noch stärker sichtbar werden. Danken möchte ich auch dem Verlag Freies Geistesleben für die sorgfältige Betreuung und die ansprechende Gestaltung des Buches.

Im Voraus möchte ich auch allen Kolleginnen und Kollegen danken, die sich die Mühe machen, die Inhalte in solcher Breite sich anzueignen. Gleichzeitig freue ich mich auf Rückmeldungen über die gemachten Erfahrungen, gegebenenfalls auch mit Kritik und Verbesserungsvorschlägen.

Ernst Schuberth

Einleitung

Einführendes – mit der Bitte um Beachtung

Dieses Buch möchte in erster Linie Klassenlehrern an Waldorfschulen als Unterrichtshilfe dienen. Es enthält den Versuch, die oft sehr sporadischen Anregungen Rudolf Steiners zum Unterricht im Fach Mathematik unterrichtsnah darzustellen. Es beschreibt in der notwendigen Beschränkung den entwicklungspsychologischen, methodisch-didaktischen und fachlichen Hintergrund, aus dem ein Lehrer die Gebiete, die er mit seinen Schülern erarbeiten will, *auszuwählen* hat. Alles kann nicht behandelt werden!

Die Gliederung des Buches gibt dabei mehr die logische Ordnung als den tatsächlichen zeitlichen Ablauf an. Zu viel hängt für das Vorgehen von der Klasse und dem Lehrer ab. Schädlich wäre es, wenn sich Lehrer durch die Darstellung *treiben* ließen. Zuletzt muss jeder Lehrer entscheiden, wie und wann er etwas behandelt – und wie immer: was er weglassen muss.

Weniger empfehlenswert ist es, sich zu sagen: Das habe ich nie gelernt, das kann ich nicht verstehen, und deshalb werde ich es nicht behandeln. Tatsächlich sind Gebiete, die man sich mühsam angeeignet hat, oft die im Unterricht fruchtbarsten!

Besonders wichtig erscheinen mir solche Aufgaben, in denen unterschiedliche Antworten möglich sind. Das entspricht dem Ansatz, wie wir ihn für den Anfang des Rechenunterrichtes dargestellt haben: Insbesondere die Gliederung einer Zahl in ihre Summanden gab den Schülern für ihre Antworten große Freiheiten.[2] Hier ist es wichtig, sich für jeden Lösungsansatz zu interessieren und die Schüler zu eigenen Wegen zu ermuntern.

Beweise werden dem Alter entsprechend nicht formal geführt. Einsicht auf dieser Stufe kann auch an geeigneten Beispielen gewonnen werden. Wer strengere Beweise sucht, findet sie in der Literatur oder im Internet. Vieles Elementare ist in dem schönen Buch *Arithmetik und Algebra* von Louis Locher-Ernst[3] sehr verständlich dargestellt.

Ein zentrales Anliegen ist es – bei allen möglicherweise bestehenden Schwächen der Darstellung –, die behandelten Inhalte den Kindern in einer altersgemäßen Weise verständlich zu machen. Wird das Kind zu abstrakt unterrichtet, beginnt es an seinen eigenen Denkkräften zu zweifeln. Wird ihm nur ein Verhalten antrainiert, bleiben ihm die Inhalte ebenfalls seelisch fremd. Es gibt in unserer Kultur starke Kräfte, die das Denken an die Maschine fesseln wollen.[4] Die Folge ist bis in die physiologische Prägung des Gehirns hinein eine Intelligenz, die es zum Beispiel schwer haben wird, individuelle moralische Impulse denkend erfassen zu können – und dies mit allen Folgen. Solche Impulse leben in jedem Menschen. Können sie nicht denkend ins Bewusstsein gehoben werden, entstehen innere Diskrepanzen, die im einfachsten Fall zu Unruhe, Unzufriedenheit, aber auch zu Schlimmerem führen können. Es ist die tiefere Sehnsucht jedes

Menschen, in individueller Freiheit seine Menschenwürde leben zu können. Dabei nehmen diejenigen, die – aus welchen Gründen auch immer – die selbstbestimmte menschliche Individualität offen oder verdeckt bekämpfen, die Berechtigung ihres Denkens für das eigene Handeln unreflektiert in Anspruch.

Zu beachten ist auch, dass manche Teile und Aufgaben für eine durchschnittliche 3. Klasse noch *nicht* geeignet sind. Sie sollten in den Folgeklassen beim Vertiefen des anfänglich Besprochenen behandelt werden. Um die sachlich zusammengehörenden Inhalte nicht auseinanderzureißen, wurden sie – wie zum Beispiel bei den schriftlichen Rechenverfahren – in einem Kapitel zusammengefasst. Darüber hinaus ist es eine Wohltat, in einem Jahr *Keime* für ein mathematisches Gebiet zu legen und es dann in den Folgejahren auszuweiten, zu vertiefen und zu festigen. Lernen ist kein linear-additiver Vorgang!

Für Englischlehrer – mit der Bitte um Beachtung

Und noch eines: Dem Buch sind eine Reihe von kurzen Abschnitten mit angelsächsischen Maßen und Rechenverfahren eingefügt – in der Hoffnung, dass sich mancher Englischlehrer bewegen lassen wird, den einen oder anderen Inhalt auch im Englischunterricht zu behandeln. (Natürlich ist es für andere Sprachen ebenso wünschenswert, entsprechende Ausdrücke und Verfahren zu besprechen. Selbst in der Handarbeit kann es ja anregend sein, die Strickverfahren unterschiedlicher Kulturen einmal zu üben. Wie wird gewöhnlich in England, wie in Frankreich gestrickt?) Es geht dabei nicht nur um die entsprechenden englischen Ausdrücke, sondern auch um andere Verfahren oder Schreibweisen. Wenn jemand das für eine Zumutung halten sollte, so möge er doch bitte bedenken, wie viele seiner Schülerinnen und Schüler einmal englische Literatur lesen werden, und zwar nicht nur in den Naturwissenschaften und der Mathematik. Englisch ist die weltweit verwendete lingua franca – nicht nur im Flug- und Schiffsverkehr, sondern wesentlich in (fast) allen Wissenschaften. Sie sind heute ohne Englisch weder zu studieren noch zu kommunizieren. Wie viel Mühe bedeutet es zum Beispiel, sich später in der mathematischen Terminologie auszudrücken oder Kollegen zu verstehen, wenn der ganze mathematisch-naturwissenschaftliche Teil der Sprache im Unterricht weggelassen wurde! Das musste ich selber öfters peinlich erfahren. Das beginnt mit dem Schreiben und Lesen der Ziffern, dem richtigen Gebrauch von Zero und O (z.B. bei Telefonnummern), aber auch dem Wissen, dass Zirkel nicht immer *circle*, sondern auch *compass* oder *pair of compasses* und Lineal nicht *lineal*, sondern *ruler* heißt, und endet *nicht* mit der Kenntnis des üblichen schriftlichen Dividierens in den USA. Statt mancher Verse oder Lektüren würde etwas Mathematik das Interesse auch der Kinder finden, die sonst dem Sprachunterricht nicht viel abgewinnen können.

Zum Gebrauch lateinischer Stämme

Durchgehend sind die Operationen mit den lateinischen Stämmen benannt – also Addition, Subtraktion, Multiplikation und Division bzw. addieren, subtrahieren, multiplizieren und dividieren –, weil dies heute fast durchgängig geschieht. Es muss aber dem Lehrer überlassen bleiben, ob er die für die (deutschsprachigen) Kinder aus der Umgangssprache verständlicheren Ausdrücke wie zusammenzählen, abziehen, malnehmen, teilen auf dieser Stufe noch beibehalten will. Insbesondere sind die bildhaften Begriffe «Rest» und «Unterschied» sowie «Portion» bzw. «Anteil», «Enthaltensein» und «Verhältnis» bei Sachaufgaben zutreffender als die rein mathematischen Ergebnisbezeichnungen «Differenz» und «Quotient». Letztere können bei reinen Zahlenrechnungen dann sinnvoll eingesetzt werden. Hilfreich schiene es mir, wenn in angemessenem Abstand von der Behandlung im Hauptunterricht im Englischen und auch Französischen die in diesen Sprachen *nicht* als fremd empfundenen lateinischen Stämme besprochen würden.

Aufgaben

Das Buch ist keine bloße Aufgabensammlung, enthält aber zu jedem Sachgebiet viele mündlich oder schriftlich zu bearbeitende Aufgaben und Übungen als eine Art Grundstock, der nach Belieben erweitert werden kann. Sie sind überwiegend als Anregungen gedacht, die je nach Bedarf leicht ergänzt werden können. Da es heute im Kreis der Waldorfschulen viele gern benutzte Aufgabensammlungen gibt, ist dort oft geeignetes Übungsmaterial zu finden (siehe Literaturverzeichnis). Anliegen dieser Darstellung ist, die mathematischen Inhalte in einen menschenkundlichen und teilweise historischen Zusammenhang einzubetten und ihn mit Gesichtspunkten zur Entwicklung des Kindes zu verbinden. Als Hilfe werde ich künftig auf meiner Webseite Aufgabenblätter zum Ausdrucken anbieten, wernn der Wunsch danach besteht: www.ernstschuberth.de

Praktische Anteile

Das Buch enthält eine Reihe von lebenskundlichen Anteilen, die nicht unmittelbar mit der Mathematik zu tun haben, aber viel Interesse wecken können. Wer mehr und Genaueres wissen will, findet natürlich heute fast alles im Internet.

Teilerregeln

Auf die Behandlung von Teilerregeln wurde hier verzichtet, obwohl diese häufig in der 3. Klasse mitgeteilt und angewandt werden. Gegen ihre Einführung ist für die einfachsten Fälle (Teilbarkeit durch 2, 5 und 10) nichts einzuwenden. Da aber die Neuner- und Elferregel in Zusammenhang mit einem rhythmologischen Rechnen besprochen wird, findet sich die Darstellung der Teilerregeln im Folgeband für die 4. und 5. Klasse.

Zur Jahresplanung

Jeder Klassenlehrer wird vor Beginn des Schuljahres eine Unterrichtsplanung schriftlich auszuarbeiten, die etwa das Folgende enthalten sollte:

- Zeit (von – bis)
- geplante Themen mit Angaben der maßgeblichen Seiten
- geplante Übungsarbeiten

Wohl jeder Lehrer wird die Erfahrung machen, dass eine Planung nicht vollständig umzusetzen ist; einiges muss verschoben, anderes übersprungen werden. Und vor allem wissen wir gewöhnlich erst am Ende, wie wir es hätten besser machen können. Deshalb sind nach Abschluss einer Epoche die folgenden Gesichtspunkte und Aufgaben empfehlenswert:

- zeitnaher Rückblick: Was sind die Erfahrungen? Was ging, was ging nicht? Was soll wann nachgeholt oder übersprungen werden?
- Zeugnisnotizen für jedes Kind
- Worauf wird in der nächsten Mathematikepoche besonders zu achten sein?
- Neuplanung der nächsten Mathematik-Epoche.

Rückblick auf die 1. und 2. Klasse

1. Klasse

Wenn die Kinder heute in die Schule kommen, sind sie im Allgemeinen mit den Zahlen ein Stück weit vertraut. Die Fähigkeiten und Kenntnisse sind dabei weit gestreut. Mit dem ersten Rechenunterricht setzt – wenigstens heute meistens noch in Deutschland – für viele Kinder die erste systematische Erarbeitung der Zahlen, Ziffern und Rechenoperationen ein. Eines der wichtigen Grundprinzipien in der Waldorfpädagogik ist das Hervorgehenlassen der Vielheit aus der Einheit (analytisches Rechnen).[5] Verbunden mit den einzelnen Zahlen werden die zugehörigen

Ziffern – möglicherweise erst römisch, dann arabisch – gelernt. Durch Gliederung (Analyse) der ersten Zahlen finden wir den Übergang zu den acht Grundrechenfragen. Diese werden in sachgemäßer Weise auf die Temperamente der Kinder bezogen. Das Zählen begleitet von Anfang an das Rechnen und führt bald zum Erlernen der ersten Zahlenreihen (2er-, 4er-, 3er-, 5er-Reihe ...). Mit dem Zehnerübergang müssen bei der arabischen Schreibweise die Null und der Stellenwert eingeführt werden. Über das systematische Erlernen der Zahlenreihen wird das kleine Einmaleins schrittweise erarbeitet und bis zur freien Beherrschung aller Multiplikationen in dem erreichten Umfang geführt. Das kleine Einspluseins wird im Zusammenhang mit dem Addieren ebenfalls zur Gedächtnisbildung verwendet. Am Ende des ersten Schuljahres sollten die Kinder sich zählend frei im Zahlenraum bis 100 oder 120 bewegen können. Dazu gehört, dass zum Beispiel die Kinder bei beliebigen Zahlen beginnend vorwärts und rückwärts die Zahlenreihe fortsetzen können.

Das Schreiben der Zahlen wird im gleichen Zahlenraum beherrscht. Die Grundrechenarten in analytischer und synthetischer Behandlung mit Beziehung zu den Temperamenten sind vollständig angelegt.[6] Das Gedächtnis wird vor allem durch das willentliche Erlernen des kleinen Einspluseins und des kleinen Einmaleins (wenigstens für die ersten Fälle) unabhängig von einer zunächst erlernten Anordnung geleistet.

Im Formenzeichnen wird ausgehend von der geraden und der gekrümmten Linie mit den wichtigsten Formelementen wie Welle, Spitze, Winkel, Strecke, Spirale usw. aus einem künstlerisch-ästhetischen Empfinden ein qualitatives Formenfühlen entwickelt. Urbildliche Formen wie der Kreis, das Quadrat, Spiralen und viele andere mehr werden geübt. Einzelformen, fortlaufende Formen, Beziehungen zu den Temperamenten, einfache Formverwandlungen und manches andere bieten ein breites Übungsfeld. Mit dem so geschulten Formgefühl werden dann auch die Buchstaben- und Ziffernformen behandelt.[7]

Wie in den anderen Fächern muss im Mathematikunterricht

sorgfältig auf die unterschiedlichen Fähigkeiten der Kinder Rücksicht genommen werden. Die vermehrt auftretenden verschiedenen Formen der Rechenschwäche (Dyskalkulie) sind zu beobachten und nach Möglichkeit mit Förderlehrern oder entsprechenden Therapeuten zu besprechen und zu behandeln.

2. Klasse

In der 2. Klasse wird alles fortgesetzt und vertieft, was in der 1. Klasse begonnen wurde. Die freie Beweglichkeit im kleinen Einspluseins und kleinen Einmaleins kann bis zu 12 + 12 bzw. 12 x 12 erreicht werden. Ordinale und kardinale Aspekte der Zahlen (der 1., 2., 3. … in einer *Anordnung* beziehungsweise 1, 2, 3, … als *Anzahlen*), die schon in der 1. Klasse immer wieder hereinspielten, werden nun bewusster geübt. Alle Formen der elementaren Rechenoperationen werden auch schriftlich dargestellt – sowohl in analytischer wie in synthetischer Form.

Das Formenzeichnen der 1. Klasse wird fortgesetzt, wobei insbesondere die Spiegelsymmetrien mit einer und zwei Achsen geübt werden.

Am Ende der 2. Klasse soll das in der 1. und 2. Klasse Behandelte den meisten Kindern vielfältig geübt zur Verfügung stehen – sowohl in mündlicher wie schriftlicher Behandlung. Dies beinhaltet noch *nicht* die schriftlichen Rechenverfahren, wie sie ab der 3. Klasse eingeführt werden, also nicht das schriftliche Addieren, Subtrahieren, Multiplizieren und Dividieren mehrstelliger Zahlen nach den bekannten Verfahren.

Das Rechnen bleibt einerseits vielfältig mit fantasievoll geschilderten Situationen verbunden, ohne dass es in ein Geschichtenerzählen ausartet. Andererseits sollen geschilderte Beispiele der vielfältigen Übung mit variierten Zahlen dienen.

Das Berücksichtigen der Temperamente heißt nicht, dass nur die entsprechenden Kinder die Aufgaben zu lösen hätten, sondern es wird jede Aufgabe – außer in speziellen Fällen – an die ganze Klasse gerichtet. Den einzelnen Rechenfragen kann man aber durch das Berücksichtigen der Temperamente eine farbige seelische Nuancierung geben.

Der Mathematikunterricht in der 3. Klasse

Vorblick auf die 3. Klasse

Vorab geben wir in Anlehnung an den von Tobias Richter herausgegeben Lehrplan[8] einen knappen Vorblick:

Der Mathematikunterricht im dritten Schuljahr wird in engem Zusammenhang mit der Sachkunde der praktischen Epochen (Handwerks-, Hausbau- und Ackerbau-Epoche) entwickelt. Dabei ist das mentale Rechnen, durch das die willentlich geführten Vorstellungskräfte und das Gedächtnis geschult werden, bei jeder geeigneten Gelegenheit weiter zu pflegen. So wird das 1 x 1 immer wieder geübt bis 12 x 12 und bis zum 15er ausgedehnt, dazu kann die Folge der Quadratzahlen bis 15 x 15 oder darüber hinaus gedächtnismäßig angeeignet werden.

Die schriftlichen Rechenverfahren für das Addieren und Subtrahieren mehrstelliger Zahlen, das Multiplizieren mit einer zweistelligen Zahl und Dividieren durch eine einstellige Zahl machen kontrollierbar, was später in der Praxis einmal ein Taschenrechner als Ergebnisse liefert. Der zu frühe Einsatz von Rechnern schult nicht die notwendigen Fähigkeiten und nimmt die Motivation zu verstehen, was eigentlich von den Geräten geleistet wird. Wer zur Kontrolle Überschlagsrechnungen ausführen will, muss mit den angewandten Operationen vertraut sein – über das Elementarste hinaus.

Erste Teilbarkeitsregeln werden gerne erprobt. Die Vertiefung der rhythmischen Zahlarbeit kann bis zur anfänglichen Betrachtung von multiplikativen Zahlenbeziehungen (reiche, arme und vollkommene Zahlen; Primzahlen) geführt werden.

Die Geometrie wird als Formenzeichnen weitergeführt. Im Vordergrund stehen Spiegelungen an gekrümmten Achsen und alle Übungen, die sich auf das Innen-Außen-Problem beziehen.[9]

Allgemeines zur Entwicklungssituation

In der 3. Klasse überschreiten die meisten Kinder einen Entwicklungseinschnitt, der unter Waldorfpädagogen zumeist als *Rubikon* bezeichnet wird. Dieser ist mit tiefgreifenden seelischen Veränderungen verbunden. Die seelische Innenwelt wird von nun an deutlich von der äußeren, jedem wahrnehmbaren Welt unterschieden. Eine bis dahin weitgehend empfundene Einheit von Welt und Selbst geht verloren, und eine neue, bewusstere Beziehung zur Umwelt muss erst noch aufgebaut werden. Man kann den Mythos von der Vertreibung aus dem Paradies bildhaft auch auf die Einzelentwicklung des Kindes in dieser Zeit beziehen. Das verstärkte Bewusstsein vom eigenen Selbst als Gegensatz zur Umwelt äußert sich oft in Fremdheitserlebnissen gegenüber vertrauten Menschen, dem Hinterfragen zum Beispiel der Lehrerautorität und manchem anderen, wie dem bewussten Lügen, das in neuer Qualität möglich wird: Wenn ich lüge, beschreibe ich absichtlich Vorstellungen, die nur in mir gebildet werden und von denen ich genau weiß, dass sie nicht den Tatsachen entsprechen.

Auf diese «Vertreibung aus dem Paradies» antwortet der Lehrplan mit einer bewussten Hinwendung zur Welt. Dies geschieht insbesondere durch zwei Epochen: eine Ackerbau- und eine Hausbau-Epoche, in denen das Irdische aktiv ergriffen wird. Nahrung, Kleidung und Wohnung werden nicht mehr selbstverständlich hingenommen, sondern aktiv in seinen urbildlichen Formen geschaffen. Mit diesen Epochen verbinden sich weitere Inhalte, wie die Besprechung und das einfachste exemplarische Einüben von Handwerken. Die damit zusammenhängende Behandlung der Maße gehört zum *Sachrechnen* und damit zum Mathematikunterricht.[10] Einige knappe exemplarische Hinweise auf Technisches werden bei einer Reihe von Kindern auf Interesse stoßen und die Behandlung der Größen im Sachrechnen nicht als leere Theorie erscheinen lassen.

Im *Formenzeichnen* der 3. Klasse wird aus dieser Entwicklung zu einer neuen Innerlichkeit und Selbstbewusstheit heraus vor allem mit solchen Formen und Formprozessen gearbeitet, in denen das Innere zum Äußeren in Beziehung gesetzt wird, zum Beispiel in der Verwandlung von Siegelformen und Ähnlichem.[11]

Innere Differenzierung

Man wird in jeder Klasse Kinder finden, die es im Umgang mit Zahlen leichter oder schwerer haben. Durch die heute gewollte Inklusion, dem gemeinsamen Leben und Lernen aller Kinder, werden bisher mögliche Spannbreiten noch weiter gedehnt als etwa in einer traditionellen Waldorf- oder gar Gymnasialklasse. Den großen Anforderungen an die Lehrer kann wohl nur durch eine innere Differenzierung im Unterricht entsprochen werden, die noch deutlicher ausgeprägt sein wird, als sie ohnehin immer gepflegt werden sollte. Nur so wird sich auch ein Absinken des Niveaus der mathematischen Bildung vermeiden lassen. Dabei spielt neben den unterschiedlichen Leistungsanforderungen vor allem die Differenzierung nach Darstellungsformen und Unterrichtsstilen die wichtigste Rolle.

Mit dem Begriff der *Darstellungsformen* (Repräsentationsmodi) verweise ich auf die Arbeiten von *Jérôme Bruner*,[12] der auf die Darstellung von Wissen durch Handlungen (*enaktiv*), Bilder (*ikonisch*) und durch Symbole (*symbolisch*) hinwies. Von ihm stammt die Aussage, dass man jedem Kind jeden Inhalt in jedem Alter beibringen könne, wenn man die richtige Darstellungsform findet. Das mag etwas zu optimistisch klingen, kann aber im Sinn der Waldorfpädagogik als ein wichtiger Hinweis betrachtet werden. Wenn wir, wie es Rudolf Steiner im 6. Vortrag der *Allgemeinen Menschenkunde*[13] tut, Kinder unterscheiden, die mehr einem vorstellenden Denken, anderen, die ihren Gefühlen stark hingegeben, oder wieder andere, die mehr handlungsbetont ihrem Willen zugewandt sind, so verlangt jede dieser Gruppen eine unterschiedliche Ansprache. Bedenkt man dabei, dass die seelischen Kräfte in unterschiedlichem Bewusstsein erfahren werden, so wird man die Kinder weniger nach «guten» oder «schlechten» Schülern, sondern nach dem ganz individuellen Profil ihrer seelischen Veranlagung gliedern. Die idealtypische Unterscheidung von Vorstellungskindern, Gefühlskindern und

Willenskindern erlaubt es, in einer methodischen Breite zu unterrichten, die ein rein kognitiv ausgerichteter Unterricht nicht leisten kann.

Um dies tun zu können, wird der Unterricht mit drei Fragen vorzubereiten sein:

1. Wie kann ich die Inhalte mit Handlungen verbinden, die nicht nur im Manipulieren abstrakter Unterrichtsmaterialien bestehen, sondern das Kind als Ganzes körperlich tätig werden lassen?
2. Wodurch kann ich die Inhalte durch bildhafte Vergleiche (Metaphern) und künstlerische Elemente seelisch beleben? Unser Gedächtnis ist in weitem Umfang an ein emotionales Erleben gebunden.
3. Wie kann den Kindern ein Inhalt zu einem wirklichen Verständnis gebracht werden? Begriffsbildungen sind nicht ein Erlernen von Wörtern und Definitionen, sondern zu ihnen gehört die Erkenntnis des *Wesens* einer Sache, für das dann ein geeignetes Wort oder ein für das jeweilige Alter geeignetes Bild (Metapher) gefunden werden kann. Es ist immer wieder erschütternd, in der Erwachsenenbildung zu erfahren, wie viel in der Kindheit in der Mathematik Gelerntes unverstanden geblieben ist, aber auch, welche Freude entsteht, wenn Einsicht später gelingt.

Verkürzt gesagt, hat der Lehrer *drei* Unterrichte vorzubereiten: einen für das vorstellende und verstehende Denken, einen zweiten, der sich vor allem an das Gefühlsleben der Kinder wendet, und einen dritten, der eine mögliche Darstellung des Wissens durch Handlungen anstrebt.[14]

Nicht übersehen werden darf, dass innerhalb einer Lerngemeinschaft wie einer Klasse das soziale Miteinander eine wesentliche Rolle spielt: Es ist für denkerisch weniger befähigte Kinder von großer Bedeutung, mitzuerleben, was andere Kinder an Einsichten aus dem von ihnen durch Handlung Dargestellten gewinnen können.

Die eingefügten wenigen, sachkundlichen Beispiele wollen auch zu einem Unterricht anregen, der durch die Anwendungsbezüge nicht nur kognitiv wirkt. Für manche Kinder sind solche Bezüge so weit sinnstiftend, dass sie erst dadurch bereit sind, sich den mathematischen Inhalten zuzuwenden.

Stellenwertsysteme und römische Schreibweise

Vor dem Sachrechnen kann noch einmal das Dezimalsystem bewusst gemacht werden, das seit der 1. Klasse beim Schreiben von Zahlen angewandt wird und in dem eine Zahl nach ..., Tausendern, Hundertern, Zehnern und Einern gegliedert angegeben wird.

Ist die Zeit dafür vorhanden, kann es sehr lehrreich sein, sich noch einmal der römischen Schreibweise von Zahlen als einem *Nicht*-Stellenwertsystem zuzuwenden, die gerne als erste Ziffern in der 1. Klasse eingeführt werden. Eine spätere Möglichkeit dafür besteht im Rahmen der römischen Geschichte in der 6. Klasse, doch soll es möglichst hier eingefügt werden. Allzu viel Zeit sollte aber nicht darauf verwendet werden.

Das römische Ziffernsystem

In den römischen Ziffern waren die Namen der größeren Zahlen zum Teil noch direkt aus den Zahlzeichen ersichtlich; 2753 z.B. wurde von den Römern so geschrieben: MMDCCLIII.

M ist eine Abkürzung für *Mille* (= tausend). MM bedeutet dann 2000, MMM 3000, MMMM 4000.

C ist eine Abkürzung für *Centum* (= 100). CC bedeutet dann 200 und so weiter. Weil 800 aber sehr lang würde, hat man noch ein Zeichen für 500 eingeführt: D (wahrscheinlich von *dimidia mille* = der halbe Teil von 1000). 800 schrieb man dann DCCC (= 500 + 100 + 100 + 100).

X ist das Zeichen für *decem* (= 10). XX bedeuten dann 10 + 10 = 20 und so weiter. Um aber 80 nicht mit acht X schreiben zu müssen, hat man noch für die Hälfte von 100 (= 50) wieder ein eigenes Zeichen eingeführt: L (gelesen *quinquaginta*). So schreibt man zum Beispiel 70 als LXX (= 50 + 10 + 10).

Die Eins wurde mit I (gelesen *unus*) geschrieben. II war dann 1 + 1 = 2 usw. Man kann dabei an die Finger denken: Das lateinische *digitus* (= Finger) findet sich zum Beispiel im englischen *digit* (= Ziffer), aber auch im modernen *digital* (in Ziffern ausgedrückt) oder in *Digitalisieren* (in Ziffern umwandeln).

Die Römer schrieben die größeren Zahlen zuerst. Dabei wurde aber die Größe auch durch Wiederholung eines Zahlzeichens wie bei 3 = III oder 30 = XXX oder 300 = CCC ausgedrückt. Es gab also nicht wie bei uns heute das Stellenwertsystem, bei dem die Größe einer Zahl auch durch die Stelle ausgedrückt wird, an der ihre Ziffer steht.

Noch einmal etwas komplizierter wurde das römische Schreiben der Zahlen durch folgende Regel: Steht eine kleinere Zahl vor einer größeren, dann wird sie abgezogen. IV bedeutet also zum Beispiel 4, oder XL bedeutet 40, CCM bedeutet 800 und so weiter. 2014 schreibt man mit römischen Ziffern MMXIV. Ist eine Stelle nicht besetzt, wird sie einfach weggelassen; im Stellenwertsystem dagegen wird die 0 (Null) verwendet, um eine nicht besetzte Stelle zu markieren.

Für uns ist es natürlich schwierig, römische Zahlen zu lesen. Wir finden sie aber oft noch auf alten Grabsteinen, in Kirchen oder über Eingängen älterer Häuser. Für die Römer waren sie gewohnt, aber selbst einfache Rechnungen waren sehr aufwendig. Einige Aufgaben können diese Schwierigkeiten erlebbar machen.

Übungen zum römischen Ziffernsystem

1.) Schreibe die Zahlen 3; 5; 7; 12; 24; 60; 61; 201; 199; 301; 299; 401; 399 und 1001 in römischen Ziffern.
2.) Kannst du deinen Geburtstag in römischen Ziffern angeben?
   Lass deinen Nachbarn deinen römisch geschriebenen Geburtstag lesen und besprich mit ihm, wenn etwas falsch ist. War es sein oder dein Fehler?
3.) Schreibe die Zahlen VI, VIII, IX, XXX, XXXI, XL, XLII, LXXII, XCVI, MDCLXI in unseren gewöhnlichen (arabischen) Ziffern.
4.) Addiere XXVI + XXIV und gib das Ergebnis in römischen Ziffern an.
   Schreibe dann alle drei Zahlen in arabische Ziffern um und kontrolliere dich. Versuche es ebenso mit:
   VII + VIII, XII + XII
5.) Dann ebenso: XIX + XXI, XVIII + XXII, XVII + XXIII. Setze diese Aufgabenreihe um einige Schritte fort.
6.) Subtrahiere: XC – L und schreibe das Ergebnis mit arabischen Ziffern. Dasselbe für: XI – VIII, XIV – VII, XVI – VI, XX – X, XXX – XX, XL – XXX, LX – XL, CX – XC.
7.) Welches ist die größte Zahl, welches ist die kleinste: LXXI, LI, IL, XVIII, XCIII?

Diese Aufgaben erinnern nicht nur an die 1. Klasse, sondern machen die Vorteile des von uns verwendeten (dezimalen) Stellenwertsystems noch einmal erlebbar. Der gewöhnliche Umgang mit Maßen und die schriftlichen Rechenoperationen stützen sich wesentlich auf die Verwendung des Dezimalsystems.

Die geniale Idee der Stellenschreibweise verdeckt allerdings durch die einfache Lesbarkeit allzu leicht den Zahl*begriff*. Dann werden die *Ziffern* für die *Zahlbegriffe* gehalten. Als Lehrer sollten wir für uns deutlich unterscheiden:

- das *Zahlwort*, das wir schreiben und aussprechen können und das in den verschiedenen Sprachen sehr unterschiedlich klingt,

- dann die *Zahlzeichen* (die *Ziffern*), die ebenfalls von Kultur zu Kultur verschieden sein können, und schließlich
- den *Zahlbegriff*. Er ist das Gemeinsame in allen Wörtern und Ziffern, welche dieselbe Zahl meinen.

Dass 7 eine Primzahl ist, hängt weder von der verwendeten Sprache oder dem verwendeten Zeichen noch von dem Wort *Primzahl* ab – es ist eine Eigenschaft des Zahlbegriffs, auf den wir zum Beispiel mit dem Zeichen 7 *hinweisen*.

Das Rechnen in nicht-dezimal gestaffelten Maßsystemen wird auch heute immer noch sehr umfangreich etwa in den USA alltäglich verwendet. Man kann der Ansicht sein, dass ihre Behandlung eine größere Beweglichkeit im Denken verlangt und weckt. (Siehe auch die kommenden Hinweise für Englischlehrer.)

Das Sachrechnen ab der 3. Klasse

Die Kinder wollen und sollen sich ihre veränderte Stellung zur Welt erobern und sie festigen. Diesem Ziel dienen praktische und künstlerische Epochen, in denen sich die Schüler mit den Lebensgrundlagen des Menschen beschäftigen. Sie fördern eine neue, bewusstere Beziehung zur Umwelt. Der Mensch braucht für seine leibliche Existenz neben der sozialen Umwelt vor allem Nahrung, Kleidung und Wohnung. Ein oder zwei Epochen zum Ackerbau, den Handwerken und dem Hausbau lassen die Kinder die notwendige Einhausung in der äußeren Welt bewusster ergreifen.

Rudolf Steiner führt dazu aus: «Wir verwenden in freier Weise dasjenige, was aus der nächsten Umgebung bekannt ist, um eben einen freien Sachunterricht zu treiben. Das Kind kann ganz gut, indem es mit dem dritten Schuljahr gegen das 9. Jahr zugeht, durch diesen Sachunterricht eine Anschauung davon haben, wie man – nun, ich kann nur Beispiele herausheben – Mörtel zubereitet, wie man ihn verwendet beim Hausbau. Es kann auch eine Vorstellung davon haben, wie man düngt, wie man ackert, wie der Roggen, der Weizen aussieht. Kurz, in freier Weise lässt man das Kind eindringen in dasjenige seiner nächsten Umgebung, was es verstehen kann.»[15]

Im Mathematikunterricht wird durch das *Sachrechnen* dieser seelischen Situation Rechnung getragen. Aus den praktischen Tätigkeiten ergibt sich dann der rechnerische Umgang mit Maßen und den zugehörigen Rechenverfahren.

Allgemeine unterrichtspraktische Hinweise

Für die Unterrichtspraxis sollte sich die Behandlung der verschiedenen Größen wie Zeit, Winkel, Länge, Fläche, Hohlmaße, Gewicht, Geld und anderes aus dem praktischen Umgang mit dem Hausbau, den Handwerken und dem Ackerbau ergeben. Vom einfachen Erfinden von Messhilfen bis zur Anwendung des metrischen Systems können dabei immer wieder die drei Stufen durchlaufen oder wenigstens besprochen werden: von der einfachen Arbeitshilfe für sich selbst über die Absprache (Konvention) mit anderen Menschen, mit denen man zusammenarbeitet, bis hin zum metrischen System, das auf das Individuelle der Tätigkeit, der Art des Gemessenen oder die besonderen Lebensverhältnisse kaum mehr Rücksicht nimmt. Wichtig ist, dass die Kinder das System unserer Maße als etwas vom Menschen Geschaffenes verstehen, das hilfreich und nützlich ist, aber doch in verschiedener Art – als Konvention – eingeführt werden könnte.

Ein möglicher Beginn können die Zeit- und Winkelmaße sein, weil sie sozusagen vom Himmel auf die Erde heruntergeholt wurden. Es kann aber auch mit dem Längenmaß begonnen werden, das sich im praktischen Tun (Ausschreiten einer Länge, Abmessen mit Füßen) unmittelbar handhaben lässt.

Die Zeitmessung

Ackerbau und Hausbau verlangen ein bewusstes Umgehen mit Zeit und Raum. Der Ackerbau arbeitet mit der Gliederung des Jahres, die durch die Beziehung der Erde zum Kosmos, insbesondere zur Sonne, bedingt ist. Er verlangt den Beginn einer Kalenderrechnung, die Kenntnis davon, wie das Leben auf der Erde periodisch in seinen Wachstumsprozessen mit dem Kosmos zusammenhängt. Kann man mit den Kindern nachvollziehen, wie ohne die moderne technische Kultur ein Wissen von der Gliederung des Jahres möglich wurde?

Die erste Grunderfahrung sind die wechselnden Bewusstseinszustände von Wachen und Schlafen im täglichen Rhythmus. Man kann schildern, wie früher fast alle Menschen mit der Sonne aufstanden und mit dem Sonnenuntergang sich zum Schlaf anschickten. Die kurzen Wintertage konnten nur mühsam mit kärglichen Lichtflämmchen verlängert werden. Die jährliche Änderung von Tag- und Nachtlänge ist zwar über die Erde hin sehr unterschiedlich, aber in unseren mittleren Breiten durchaus stark zu erleben. Von der Frühlings-Tagundnachtgleiche an, bei der Tag und Nacht gleich lang sind, werden die Tage länger als die Nächte, bis im Sommer zur Zeit der Sommersonnenwende die längsten Tage erreicht werden. Von da an nimmt die Tageslänge ab und entsprechend die Nachtlänge zu. Von der Herbst-Tagundnachtgleiche an gewinnen die Nächte die Oberhand und führen in die Winterzeit hinein. Seit alten Zeiten waren mit diesen besonderen Augenblicken Feste verbunden, die wir heute als Ostern, Johanni, Michaeli und Weihnachten im christlichen Kulturraum kennen.

Im Folgenden soll einiges geschildert werden, was nicht unmittelbar Unterrichtsstoff ist. Einen Einblick in die nachfolgenden Themen werden die Schüler in der Himmelskunde der 6. Klasse erhalten. In der 3. Klasse soll aber dem Lehrer ein Hintergrund gegeben werden, der ihn davor bewahrt, die Größenrechnung zu einer konventionellen Banalität werden zu lassen.

Der Mensch als Mikrokosmos – der Kosmos als Makroanthropos

In seiner *Geheimwissenschaft im Umriss* beschreibt Rudolf Steiner, wie die Evolution unseres Sonnensystems zutiefst mit der Entwicklung des geistig-seelischen und lebendig-leiblichen Menschenwesens verbunden ist.[16] In zahlreichen Vorträgen hat er die dort skizzenhaften Ausführungen vertieft und erweitert.[17] Einen letzten, fast abstrakten Ausdruck dieser Beziehungen finden wir in den Proportionen, die zwischen den vielfältigen menschlichen und kosmischen Rhythmen bestehen. Rudolf Steiner weist auf sie im 2. Vortrag des *Methodisch-Didaktischen Kurses* hin, den er 1919 zur Begründung der ersten Waldorfschule hielt.[18] Dabei verwendet er Näherungszahlen, die durch ihren Teilerreichtum besonders geeignet sind, die wechselseitigen Verhältnisse ganzzahlig auszudrücken. Bei den menschlichen Rhythmen ist möglicherweise zu berücksichtigen, dass sich mit der starken Größenzunahme während der letzten Jahrhunderte auch Körperrhythmen verändert haben.

Beginnen wir mit der Zahl der Atemzüge pro Tag. Pro Minute atmet der erwachsene Mensch etwa 18 mal. Dies ergibt 60 × 18 = 1080 Atemzüge pro Stunde und 24 × 1080 = 25.920 pro Tag. Rechnet man mit einem Jahr von 360 Tagen (statt ca. 365 ¼), so hat ein Menschenleben von 72 Jahren etwa diese Anzahl von Tagen.[19]

Dieselbe Anzahl in Jahren genommen, also 25920 Erdenjahre[20], kann aber gleichzeitig als eine gute Näherung für das platonische Weltenjahr betrachtet werden. Es beschreibt die Anzahl der Jahre, welche der Frühlingspunkt – das ist der Punkt, an dem die Sonne zur Frühlings-Tagundnachtgleiche steht – benötigt, um durch alle Tierkreisbilder einmal hindurchzuwandern. Die Frühlings-Tagundnachtgleiche tritt jedes Jahr ein wenig früher ein, weil sich der Frühlingspunkt langsam gegenüber dem Fixsternhimmel, speziell den Tierkreisbildern, in der Ekliptik verschiebt. Teilt man dieses Weltenjahr in Weltentage ein, so erhält man 25.920 : 360 = 72 Erdenjahre oder ein Menschenleben.

Betrachtet man die Beziehung zwischen Kosmos und Mensch, so entspricht also ein Menschenleben einem Weltentag (mit 72 Erdenjahren oder 25.920 Erdentagen). Betrachtet man einen Erdentag als einen Atemzug des Kosmos, so bildet der Mensch mit seinem Atemrhythmus während eines Erdentages ein platonisches Weltenjahr ab, ebenso wie mit seinem täglichen Wach- und Schlafrhythmus während seines ganzen Lebens. Es verhält sich also das platonische Weltenjahr zu einem Erdenjahr wie das Menschenleben zum einzelnen Tag und der einzelne Tag zum einzelnen menschlichen Atemzug.

Die von Rudolf Steiner in dem genannten Vortrag erwähnte Zeiteinheit von 4 Minuten, in welcher der Mensch 72-mal atmet, ist in guter Näherung die Zeit, um die sich Sternen- von Sonnentag unterscheidet: Die Sonne bewegt sich gegen den täglichen Lauf vor dem Hintergrund der Fixsterne jährlich einmal durch den Tierkreis. Dadurch gelangen die Sterne etwas eher an den Ort des Vortages als die Sonne, und dieser Unterschied beträgt etwa die genannten 4 Minuten. Die Zahl der Atemzüge in dieser Zeit entspricht den Jahren im Menschenleben.

An die – von der Erde aus beobachteten – Bewegung der Sonne durch den Tierkreis ist die *Winkelmessung* gekoppelt. Pro Tag rückt die Sonne um etwa 1° entgegen der täglichen Bewegung vor dem Hintergrund der Fixsterne von West nach Ost (genauer: 365,25 : 360). Davon ins Kleinere gehend, ergeben sich als Sechzigstel die Bogenminuten und die Bogensekunden.

Während die Gradmessung auf die Sonnenbewegung gegenüber dem Fixsternhimmel bezogen werden kann, wird die Zeitmessung vom täglichen Sonnenlauf, dem Wechsel von Tag und Nacht, abgeleitet. Er ist für uns Menschen und die ganze Natur der wichtigste Rhythmus. Wie schon erwähnt, wechselten in alten einfacheren Zeiten mit großer Regelmäßigkeit die Bewusstseinszustände von Wachen und Schlafen: Die Menschen standen mit der Sonne auf und legten sich mit ihr nieder, sie lebten im Einklang mit den natürlichen Rhythmen. Außerdem war für die meisten Mensschen eine künstliche Beleuchtung über längere Zeit gar nicht durchführbar.

Interessant ist es zu bedenken, wie verschieden tatsächlich diese Tag-und-Nacht-Rhythmen in den einzelnen Breiten der Erde sind: Am Äquator, und noch weit nach Norden und Süden ausgreifend, schwankt die Tageslänge im Laufe des Jahres kaum; morgens wie abends entstehen nur kurze Dämmerungszeiten. Dagegen kennen die mittleren Breiten neben einer starken Schwankung der Tageslängen auch noch eine ausgedehnte Dämmerungsphase am Morgen und am Abend. Dadurch entsteht eine weite Variabilität, wie wir sie etwa in Mitteleuropa kennen.

Anders liegen die Verhältnisse wiederum im hohen Norden, wo – insbesondere nördlich des Polarkreises – das Jahr sich mehr und mehr in *eine* Tag- und *eine* Nachtzeit gliedert und der Mensch im täglichen Wechsel von Wachen und Schlafen sich nicht mehr auf die Sonne verlassen kann. Für uns Mitteleuropäer ist es ein tiefes Erlebnis, wenn wir, im Sommer aus dem hohen Norden (zum Beispiel von den Lofoten oder sogar dem Nordkap) zurückkommend, wiederum die Dunkelheit der Nacht und den damit auftretenden Temperaturwechsel erleben dürfen. Wir sind viel tiefer, als man gewöhnlich ahnt, mit dem jahreszeitlichen Lichtwechsel verbunden.

Die Zeitmessung in älteren Zeiten

Früher wurden Tag und Nacht als ganz verschiedene Zeiträume erlebt: Mit dem Erwachen im Sonnenlicht kam die äußere Sinneswelt zum Bewusstsein; mit dem Einschlafen betrat der Mensch eine Innenwelt, die ihm nicht wie heute Bewusstlosigkeit war, sondern ihn in seine ursprüngliche geistige Heimat führte.[21] Es wäre widersinnig gewesen, diese so völlig unterschiedlichen Erlebnisräume zu einer Einheit «Tag» zusammenzufassen. So wurden bis ins Mittelalter hinein Tag und Nacht als eigene Zeitzyklen verstanden. Sie wurden jeweils in 12 Stunden gegliedert. Der Tag begann mit dem Sonnenaufgang und endete mit dem Sonnenuntergang. Die Nacht begann mit dem Sonnenuntergang und endete mit dem Sonnenaufgang. Das hatte zur Folge, dass die Länge einer Stunde von der Jahreszeit abhängig war: Es gab ein *mit dem Jahreslauf atmendes Zeitmaß*. Im Sommer waren die Tagesstunden länger und die Nachtstunden kürzer. Zu den Tagundnachtgleichen hatten Tag- und Nachtstunden die gleiche Länge, während in der dunklen Jahreszeit die Nachtstunden länger wurden und die Tagstunden sich verkürzten.[22]

Geändert wurde dieses bewegliche Stundenmaß erst, als römisch-katholische Mönche nordwärts nach Skandinavien zogen und nun die vorgeschriebenen Gebete in den verkürzten Nachtstunden nicht mehr untergebracht werden konnten. Es wurde entweder eine Neufassung der Regeln, die in südlicheren Ländern wie Italien keine Schwierigkeiten bereiteten, oder eine Veränderung des Zeitmaßes notwendig. Durch die Autorität der katholischen Kirche wurden dann Tag und Nacht zu einer Einheit zusammengefasst und in 2 × 12 = 24 gleich lange Stunden unterteilt. Dadurch wurden die mechanischen Uhren möglich, die gleichmäßig den Zeittakt schlugen.[23]

Zunächst gab die Kirchturm- oder Rathausuhr in jeder Stadt die verbindliche Zeit vor, jeweils auf die Ortszeit über die Sonnenuhr mit dem Meridiandurchgang der Sonne geeicht. Erst die Eisenbahn machte – innerhalb eines Landes[24] – eine ortsunabhängige einheitliche Zeit notwendig. Die zum Teil erhebliche

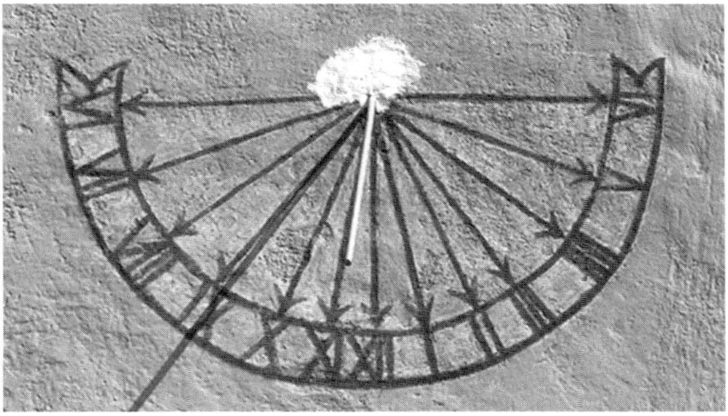

Abb. 1: Die Sonnenuhr zeigt kurz nach 9 Uhr wahre Ortszeit

Differenz zur wahren Ortszeit, also der Unterschied zwischen echtem Mittag und 12 Uhr Eisenbahnzeit, wurde im Alltag noch lange als störend empfunden.[25] Für das moderne Verkehrswesen, die Raumfahrt, Astronomie, Nachrichtentechnik und vieles andere wäre ein ortsabhängiges und dazu noch bewegliches Zeitmaß wenig geeignet. Für die Lebensrhythmen der Menschen im Zusammenleben mit dem Tages- und Jahreslauf scheint es recht geeignet gewesen zu sein.

Es ist hier nicht der Ort, auf die verschiedenen Arten der Zeitmessung in verschiedenen Ländern und Kulturen einzugehen. Von den zwei Zeitenkreisen zu je 12 Stunden ist heute noch geblieben, dass bei den Zeigeruhren das Zifferblatt in 12 Stunden unterteilt ist und der kleine Zeiger *zwei* Kreisläufe innerhalb eines Tages von 24 Stunden durchläuft.

Der Kalender

Da die Lebensprozesse auf der Erde in hohem Maße vom Jahreslauf der Sonne abhängen, ist für ein bewusstes Wirtschaften eine genaue Kenntnis davon notwendig, in welchem Zeitpunkt des Jahres man sich befindet und was in der Bearbeitung der Erde und den Maßnahmen in der Viehzucht zu diesem Zeitpunkt notwendig ist. In den alten Druiden-Kulturen war es zum Beispiel Aufgabe der Priester, durch sorgfältige astronomische Beobachtungen den Jahreslauf zu verfolgen und die notwendigen Maßnahmen anzugeben. Alte Steinsetzungen scheinen solchen Zwecken gedient zu haben. Ihre astronomischen Ausrichtungen sind vielfältig belegt.

Grundlage für die Bestimmung des Jahres ist in unserem Kulturraum der Sonnenlauf: Ein Jahr ist vergangen, wenn die Frühlings-Tagundnachtgleiche wieder eingetreten ist. In dieser Zeit hat der Mond etwa zwölfmal alle Phasen durchlaufen. Genauer: Es fehlen etwa elf Tage. Da im islamischen Kalender das Jahr durch die Wiederholung von zwölf Monden bestimmt ist, ergeben sich gegenüber dem Sonnenjahr Verschiebungen. So kann ein Mensch, der nach dem islamischen Kalender schon achtzehn Jahre alt ist, nach dem christlichen Kalender erst siebzehn Jahre alt sein. Wie sollen Behörden entscheiden, wenn es zum Beispiel für den Zuzug von Kindern Altersgrenzen gibt?

In dem bei uns üblichen Kalender berücksichtigt man die Gliederung durch den Mond in der Weise, das man das (Sonnen-) Jahr in zwölf *Monate* (= Monde) teilt, deren Länge aber nicht mit der Zeit von Vollmond bis Vollmond übereinstimmt. Mit den Kindern werden – soweit noch notwendig – die Monate und ihre Längen besprochen und eingeübt. Die auffallende Abweichung im Februar mit nur 28 Tagen und einem vierjährlich zugefügten Schalttag mag dabei zu Fragen führen. Erhellend wird der Hinweis sein, dass vor der Reform des römischen Kalenders die Jahreszählung im Frühling mit dem März begann und der Februar als zwölfter Monat[26] den Rest des Jahres auszugleichen hatte.

Die Monate wiederum werden nach einem Rhythmus von sieben Tagen in *Wochen* gegliedert und hängen damit wieder enger mit den Mondphasen zusammen. Dabei sind seit alters die einzelnen Wochentage mit den Namen der Planeten bezeichnet: Sonntag (sunday) = Sonnen-Tag, Montag (monday) = Mond-Tag, Dienstag (tuesday) = Ziu-Tag (mittelhochdeutsch) = Zaistig (süddeutsch) (frz. mardi) = Mars-Tag, Mittwoch (wednesday, frz. mercredi) = Merkur-Tag, Donnerstag = Donar- oder Thor-Tag (thursday) = Jupiter-Tag, Freitag (friday) = Freya-Tag (frz. vendredi) = Venustag, Samstag (saturday) = Saturn-Tag.[27]

Für unser Leben ist der tägliche Rhythmus von Tag und Nacht der wichtigste, ihm folgt für gewöhnlich der Rhythmus unseres Bewusstseins zwischen Wachen und Schlafen. Auch die doppelte Gliederung der Zeit eines vollen Tages in $2 \times 12 = 24$ Stunden folgt diesem Erleben. Durch die babylonische Kultur, die vor allem mit einem 60er-System arbeitete, wurde die Stunde in 60 Minuten und jede Minute in 60 Sekunden unterteilt. Damit leben und arbeiten wir noch heute.

Bei der Zeitmessung kann man darauf hinweisen, wie der Tagesrhythmus für den Menschen grundlegend ist. Es ist für die Gesundheit im Allgemeinen förderlich, wenn sich die Dinge wie das Aufstehen, die Ernährung, das Ausscheiden und vieles andere täglich um die gleiche Zeit wiederholen. Es kann auch geschildert werden, wie es bei der Pflege der kleinen Kinder hilfreich ist, ihnen einen guten Rhythmus zu geben. Menschen, die nicht gelernt haben, Dinge zur rechten Zeit zu tun, werden nicht Herr ihrer Zeit mit daraus folgenden großen Schwierigkeiten im Leben – schon weil das Zusammenarbeiten mit anderen Menschen, was ja spätestens schon in der Schule beginnt, fast immer Zeitabsprachen enthält. Ohne das Einhalten von Zeiten würde auch zum Beispiel das ganze moderne Verkehrswesen gar nicht funktionieren können. Das Sprichwort *Pünktlichkeit ist die Höflichkeit der Könige* drückt unter anderem aus, dass wir nur dort souverän handeln, wo wir fähig sind, ohne äußeren Zwang unsere Handlung in der Zeit selbstständig zu gestalten, und uns aus freiem Entschluss an Zeitabsprachen halten. Dadurch können wir uns in der Zeit mit dem Leben der anderen Menschen harmonisch verbinden. Mancher Mensch verliert seinen Beschäftigungsplatz, weil er nicht gelernt hat, die verabredeten Zeiten einzuhalten, weil sein Tun sich nur nach körperlichen Bedürfnissen oder seelischen Vorlieben richtet. Er kann sich mit anderen kaum zu einer Gemeinschaft zusammenschließen.

Die Erziehung zu einem gesunden Umgang mit der Zeit ist immer auch *Willenserziehung*, Entwicklung von Ich-Kraft. Wer den Umgang mit der Zeit frei aus sich heraus beherrscht, wird auch dort die innere Führung nicht verlieren, wo die äußeren Verhältnisse ein Abweichen von einem Rhythmus, ein Verändern von Absprachen oder das Umstoßen eines Zeitplans verlangen. Wir dürfen nicht sklavisch der Uhr unterworfen sein, sondern müssen urteilsfähig über das bleiben, was zur richtigen Zeit notwendig ist.

Unterrichtspraktische Hinweise

Das *Jahr* kann auf zwölf schön gestalteten Kalenderblättern mit großem Kalendarium und jahreszeitlichen Bildern im Klassenraum aufgehängt werden. Auch eine kreisförmige Anordnung der Monate mit zugehörigen Farben und Bildern ist möglich. Dies ist sozusagen eine *Jahresuhr*. Wie vorher die Dauer zwischen zwei Uhrzeiten bestimmt wurde, kann jetzt zum Beispiel die Zeit von der Aussaat des Getreides bis zu seiner Ernte veranschaulicht werden. Dabei kann Sommer- vom Wintergetreide unterschieden werden, oder es kann die Wachstumszeit verschiedener Feld- und Gartenfrüchte gezeigt werden. Der sogenannte Jahreszeitentisch, der in vielen Waldorfklassen zu finden ist, wird nun viel bewusster in den ganzen Jahreslauf hineingestellt. Durch den Acker- und Gartenbau bleibt dies alles nicht Theorie, sondern wird im tätigen Umgang mit der Natur selbst ergriffen und gestaltet.

Selbstverständlich kann man auch von einer ganzen Reihe von Pflanzen die geeigneten Aussaat- und Erntezeiten darstellen und dazu eine Pflanzen-Jahresuhr herstellen. Eine Blumenuhr kann zeigen, wann die Hauptblütezeiten der verschiedenen Blumenarten sind. Durch Gewächshäuser und internationalen Handelsverkehr sind wir daran gewöhnt, zu jeder Zeit (fast) jedes Pflanzenprodukt verfügbar zu haben. So hilfreich das für unser Leben sein mag, sollte dennoch das natürliche Wachstumspotenzial der Erde an dem Ort, wo wir leben, erfahren werden.

Manche Kollegen haben auch den Lebenszyklus eines Menschen mit seinen charakteristischen Stationen künstlerisch im Malunterricht dargestellt und mit den Jahreszeiten verglichen.

Im Übrigen sei darauf verwiesen, dass Zeitmessung und Kalenderwesen im Rahmen der Heimatkunde in der 4. Klasse sowie in der Himmelskunde der 6. Klasse ausführlich behandelt werden. Dort wird vor allem der Zusammenhang hergestellt zwischen dem Erdenort und dem Tages- bzw. Jahreslauf der Sonne. Mit einer selbst gebauten persönlichen oder gemeinsamen Sonnenuhr lernen die Kinder die sonnengegebene wahre Ortszeit, ihre Abweichung von der normalen Uhrzeit und die Entstehung der Jahreszeiten durch die veränderliche Bahnhöhe und -weite der Sonne kennen. In der 3. Klasse rückt die Herkunft der Zeitbestimmung aus den kosmischen Rhythmen ins *Erleben,* und die daraus von den Menschen vereinbarten Zeitangaben werden als sinnvolle *Konvention* erübt; später gewinnen die Kinder in Heimat- und Himmelskunde *Einsichten* über deren Grundlagen und Zusammenhänge.

Übungen zur Zeitrechnung

Mündliche und halbschriftliche Übungen:

1.) Auf der Modelluhr werden Zeiten eingestellt. Die eingestellten Uhrzeiten werden genannt. Hat jedes Kind eine Modelluhr, können sich zwei Kinder wechselseitig abfragen.

2.) Da heute die Uhrzeiten sehr häufig digital angegeben werden, ist auch das Lesen digitaler Uhren ausführlich zu üben. Am einfachsten lässt sich ein digitales Modell mit Steckkarten herstellen. Man kann gut mit den Kindern besprechen, wie ein solches Modell am besten herzustellen ist. Manche werden eigene überraschende Formen entwickeln. Zunächst wird man ausführlich üben, eine analoge Anzeige in eine digitale und umgekehrt zu übertragen. Die weiteren Übungen können dann mit digitalen und analogen Anzeigen durchgeführt werden.

3.) Eine Uhrzeit wird eingestellt. Wie viel Uhr ist es in 2 Stunden? Wie viel Uhr ist es in 2 Stunden und 10 Minuten? Wie viel Uhr ist es in 2 Stunden und 17 Minuten? Diese Übungen werden zuerst ohne 12er-Übergang, dann mit 12er-Übergängen geübt.
4.) Man unterscheidet die Zählung der Stunden bis 12 Uhr und die Zählung bis 24 Uhr. Beide Darstellungen sind nebeneinander zu üben. Die 24-Stunden-Zählung wird heute zum Beispiel fast immer bei Fahr- oder Flugplänen verwendet. Auf zwei Modelluhren werden unterschiedliche Zeiten eingestellt – zum Beispiel als Abfahrts- und Ankunftszeit eines Zuges. Wie lange dauert die Fahrt?
5.) Wie viele Tage sind 24 Stunden, 48 Stunden, 72 Stunden …?
6.) Wie viele Tage und wie viele Stunden sind 36 Stunden, 50 Stunden, 100 Stunden …?
7.) Die Mutter fährt am 3. Mai für drei Tage fort. Wann kommt sie wieder?
8.) Der Vater fuhr am 7. Juni um 9 Uhr fort. Am 12. Juni kommt er um 18 Uhr zurück. Wie viele Tage und wie viele Stunden war er fort?
9.) Ein Flug startet um 22 Uhr und dauert 9 Stunden. Wann kommt das Flugzeug an? (Ohne Zeitverschiebung)
10.) Wenn der Lehrer glaubt, schon mit Zeitverschiebungen rechnen zu können, sind einfache Zeitberechnungen der folgenden Art möglich: Ein Flug von Frankfurt nach Moskau dauert gut 3 Stunden. Abflug- und Ankunftzeiten werden immer in der am jeweiligen Flughafen gültigen Zeit angegeben. Im Flugplan steht: Abflug Frankfurt 8:00. Ankunft Moskau 12:15. Rückflug Moskau ab 16:00, Frankfurt an 18:20.
    Kannst du angeben, wie groß (während der Sommerzeit) die Zeitverschiebung zwischen Frankfurt und Moskau ist? Wie lange dauert jeder Flug?

11.) Uhrzeiten werden recht unterschiedlich geschrieben oder gesprochen. Üblich sind für *zehn Minuten nach 2 (Uhr)*: 14:10, $2^{\underline{10}}$ Uhr, 2h 10min, 2 Uhr 10. Übe verschiedene Schreib- und Sprechweisen.

12.) Parallel dazu kann im Fremdsprachenunterricht geübt werden, wie in anderen Ländern Zeiten bezeichnet und geschrieben werden – zum Beispiel im Englischen a.m. (ante meridiem = vor der Mittagshöhe, d.h. vor dem Höchststand der Sonne im Süden), p.m. (post meridiem = nach der Mittagshöhe). Zu üben ist, zwischen unterschiedlichen Darstellungen und Sprechweisen zu wechseln.

13.) An Nikolaus (6.12.) rechnet Sina aus, wie viele Tage es noch bis Heiligabend sind (24.12.).

14.) Ramadan ist der 9. Monat des islamischen Mondkalenders. Er wird als Fastenzeit gefeiert, während der von Sonnenaufgang bis Sonnenuntergang ein Moslem nicht essen soll. Schwangere, Kranke und Kinder sowie Menschen, die auf Reisen sind, brauchen die Fastenregeln nicht einzuhalten. Wer kann, soll die versäumten Fastentage später nachholen. Die Fastenzeit endet mit einem großen Fest, das ausgiebig gefeiert wird. Ramadan beginnt, wenn die erste Sichel des neuen Mondes im 9. Monat sichtbar ist, und endet, wenn die erste Sichel des Mondes im Folgemonat (der Schawwal) wieder erscheint.[28] Wann endet der Ramadan, wenn er 29 Tage dauert und am 20. Juli begonnen hat?

Übungen zur Sinnespflege in der Zeitbestimmung

Im Sachunterricht sollte, wie es für die ersten beiden Schuljahre dargestellt wurde,[29] die Ansprache über unterschiedliche Sinne (*Zahlenraten*) auch immer wieder gepflegt werden. Besonders in Verbindung mit dem Schätzen von Größen ist dies gut möglich. Zugleich besteht die Chance, dass die Kinder mit ihren unterschiedlichen Sinnesdominanzen erreicht werden.

Beispiele, die sich leicht vervielfältigen lassen:

1.) Mit einer Glocke oder einem Klangstab werden – wie bei einer Kirchturmuhr – volle Stunden angeschlagen. Die Kinder stellen ihre Modelluhren entsprechend.
2.) Gewöhnlich können deutsche Kirchturmuhren auch alle Viertelstunden mit Glockentönen anzeigen. Mit zwei unterschiedlichen Glocken oder Klangstäben kann dies auch im Klassenraum getan werden. Die Kinder stellen die Modelluhren entsprechend.
3.) Mit drei unterschiedlichen Glocken oder Klangstäben kann man sogar zuerst die vollen Stunden, dann die Viertelstunden und schließlich die Zahl der Minuten, die über zwei oder drei Viertel hinausgehen, anzeigen. 9.17 Uhr würde dann klingen: neun langsame Schläge mit der größten Glocke, ein Schlag mit der mittleren Glocke und zwei schnellere Schläge mit der kleinsten Glocke. 9.53 Uhr würde klingen: neun Schläge mit der größten Glocke, drei Schläge mit der Viertel-Stunden-Glocke und acht Schläge mit der Minuten-Glocke.
4.) Die Dauer eines zeitlichen Abstands zu schätzen ist schwierig, sollte aber auch geübt werden. Hier empfiehlt es sich, mit kürzeren Zeiten, wie den Sekunden zu beginnen. Manche Kinder werden Armbanduhren mit analoger Darstellung und Sekundenzeiger besitzen. Man kann versuchen, ein einzelnes Kind im Sekundenrhythmus bis etwa 20 zählen zu lassen. Andere können versuchen, den Sekundenrhythmus ohne Uhr möglichst genau zu treffen, wobei sie laut bis 30 zählen (die viersilbigen Zahlwörter von ein-und-zwan-zig bis neun-und-zwan-zig eignen sich gut für den Sekundentakt). Ein anderes Kind kann mit seiner Uhr die Genauigkeit kontrollieren. Schließlich kann die ganze Klasse die Augen schließen, die Lehrerin schlägt zunächst einen Ton und nach einiger Zeit denselben Ton nochmals an. Dabei kontrolliert sie über ihre Uhr den zeitlichen Abstand. Welches Kind trifft die Zeitdauer am genauesten?

5.) Nach den Übungen mit Sekunden können sie auf Minuten ausgedehnt werden. Das ist recht schwierig. Eine Minute absolutes Schweigen in einer Klasse ist sehr lang! Einige Male darf man dies aber sicher ausprobieren. Möglich ist es auch, den Beginn einer Aktivität, wie dem Kopfrechnen, ins Bewusstsein zu rufen, um an ihrem Ende zu fragen, wie lange sie gedauert hat.
6.) In der Musik spielen Zeiten eine große Rolle – ist doch die Musik eine *Zeitkunst!* Man kann die Kinder darauf aufmerksam machen, wie bei schnelleren Tönen die Dauer eines Tones weit weniger als eine Sekunde beträgt. Die Beziehung zum Hörsinn ist offenkundig.
7.) Entsprechend dem Vorangehenden können viele Tätigkeiten – auch spielerische – unter dem Zeitaspekt betrachtet werden.

Für Englischlehrer

Es empfiehlt sich, Kalender- und Zeitangaben zu üben. Insbesondere die unterschiedliche Schreibweise des Datums und die Verwendung von a.m. und p.m. sollten erwähnt und auch später immer wieder geübt werden. 9/11 (nine/eleven) meint eben den 11. September und nicht den 9. November!

Das Winkelmaß

Im Laufe vieler Jahre habe ich in verschiedenen Waldorfschulen sehr unterschiedliche Durchführungen der Hausbau-Epoche wahrgenommen. Manche waren sehr praxisnah und mit einem bestimmten sinnvollen Ziel für die Schule, einen Kindergarten oder für eine private Nutzung durchgeführt worden. Andere blieben eher im Fantastischen stecken und schienen kein Vertrautwerden mit den zugehörigen Handwerken und deren Anwendung zum Ziel zu haben. Wo eine konkrete lebensfähige Aufgabe gestellt war und handwerkliches Können sich mit künstlerischer Gestaltung verbanden, schienen mir die gelungensten Beispiele vorzuliegen.

Natürlich mögen gegenüber der folgenden Behandlung der Winkel, des Winkelmaßes und des Winkelmessers Vorbehalte bestehen, aber ist nicht gerade die Besprechung der Handwerke auch der sinnvollste Zusammenhang, die Werkzeuge der Handwerker – und dazu gehört auch der Winkelmesser – einzuführen und handhaben zu lassen? Für eine stufenweise Vertiefung – von Winkelkonstruktionen in der 5. oder 6. Klasse bis zu Winkelfunktionen in der Oberstufe – bleibt noch vieles andere zu tun, als die handwerkliche Nutzung allein ergibt.

Von den *Winkeln* ist der grundlegende der *rechte* (= richtige) *Winkel*, den der Mensch in seiner Aufrechte zum horizontalen Erdboden bildet. Wo auch immer er lebt – ob im Flachland oder Gebirge –, immer versucht er, den Boden in seinem Haus horizontal zu machen, zu dem er dann durch seine Aufrichte den rechten Winkel bildet. Wo Wände und Boden nicht in horizontaler und vertikaler Ausrichtung stehen, treten ohne besonderes Training Gleichgewichtsprobleme auf.[30]

Wollen wir eine Mauer fachgerecht aufmauern, so müssen wir sorgfältig darauf achten, dass die Wand *im Lot* ist. Ohne besondere Abstützung würde sie sonst auf dem noch weichen Speis abrutschen und könnte die arbeitenden Menschen verletzen. Das Lot zeigt uns, wenn es in Ruhe hängt, überall die Aufrechte (Vertikale).

Wie aber können wir die Horizontale bestimmen? Hier kann uns das ruhende Wasser helfen. Ob im Ozean, in einem See oder in einer Tasse, überall bildet die Oberfläche im Ruhezustand im Kleinen eine horizontale Stellung. Während aber an einem Ort nur *eine* aufrechte (vertikale) Richtung existiert, gibt es innerhalb einer waagrechten Ebene viele horizontale Richtungen. So stehen die Menschen – im kleinen gesehen – alle in gleicher Rich-

Abb. 2: Vertikale und Horizontale

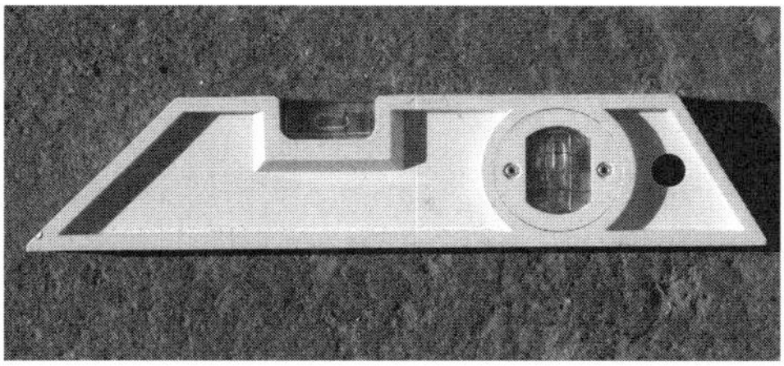
Abb. 3: Wasserwaage

Abb. 4: Libelle

tung vertikal (Abbildung 2), aber sie liegen nachts in verschiedenen horizontalen Richtungen. Immer aber bilden die Vertikale und die Horizontale den rechten Winkel.[31]

Um eine horizontale Stellung oder auch eine vertikale Richtung zu bestimmen, wird vor allem die Wasserwaage verwendet: In einem leicht gekrümmten, mit Flüssigkeit gefüllten Röhrchen ist eine kleine Luftblase gefangen. Zwei Striche zeigen an, ob das Bläschen genau in der Mitte ist. Dann ist – je nach Anlegen – die Wasserwaage entweder recht genau horizontal oder vertikal (Abbildung 3). Die *Libelle* legt man auf eine Ebene, die auf horizontale Lage zu prüfen ist. Dies ist erfüllt, wenn sich das Luftbläschen in der Mitte des markierten Kreises einstellt (Abbildung 4). Die Libelle ist so etwas wie eine *Wasserwaage nach allen Seiten*.

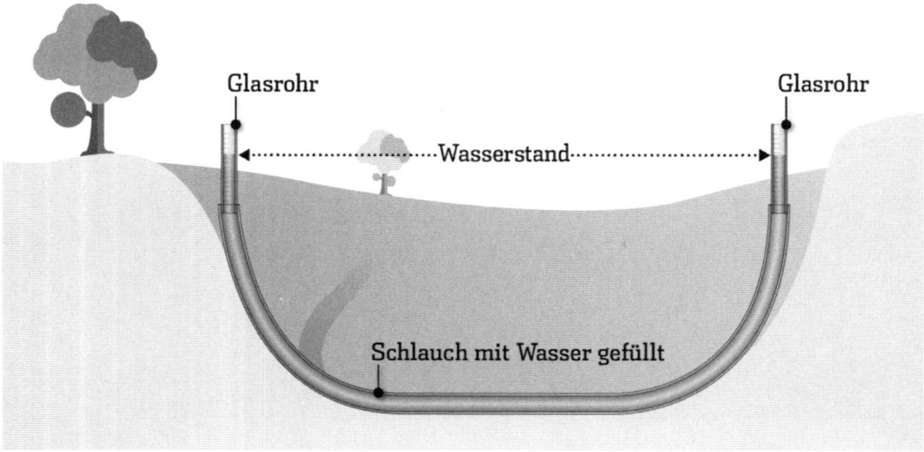

Abb. 5: Schlauchwaage beim Anlegen eines Teichs

Soll in einem Garten ein Teich angelegt werden, der durch eine kräftige Teichfolie abgedichtet wird, soll sie am Rand einigermaßen gleich hoch eingegraben werden. Hier hilft eine Schlauchwaage: An den Enden eines Schlauchs sind zwei Glasröhren so eingesteckt, dass der Wasserstand beim Befüllen des Schlauchs abgelesen werden kann. Der Wasserstand zeigt die gleiche Höhe an unterschiedlichen Punkten an (Abbildung 5).

Weil an vielen Stellen im Leben der rechte Winkel verwendet wird, schafft man sich als Werkzeug einen *rechten Winkel*, indem man zwei gerade Brettchen im rechten Winkel verleimt oder das Entsprechende aus Metall herstellt (siehe Abbildung 6). Damit kann der rechte Winkel leicht in jede Lage an beliebigen Orten übertragen werden, zum Beispiel wenn Bretter am Ende rechtwinklig abgesägt werden sollen.

Hiermit wird der Übergang von der raumlagebezogenen Form des rechten Winkels – zwischen Vertikaler und Horizontaler – zu einer frei beweglichen Lage gefunden. Wie Piaget zeigte, ist es für dieses Alter noch nicht selbstverständlich, dass eine Form von der Raumlage unabhängig ist. Man sollte also behutsam

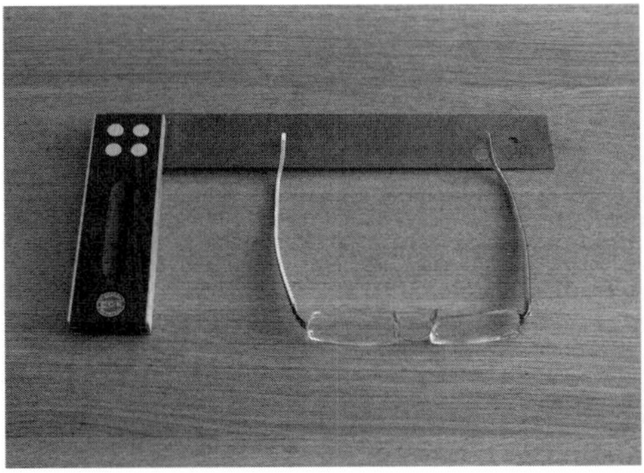

Abb. 6: Rechter Winkel

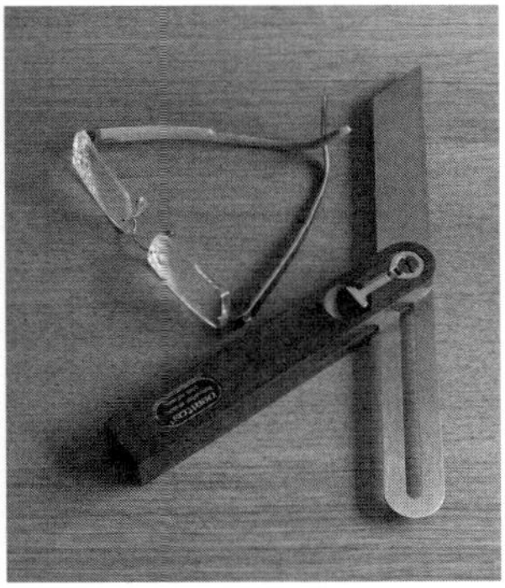

Abb. 7: Schmiege

den Übergang von dem Winkel zwischen einer Vertikalen und einer Horizontalen zu einem raumlage-unabhängigen rechten Winkel vollziehen. Quadratische oder wenigstens rechteckige Bodenfliesen können einen ersten Schritt zeigen, ebenso Werkzeuge zum Antragen eines rechten Winkels, zum Beispiel das *rechtwinklige Dreieck,* ein *Geodreieck* oder die *T-Schiene.* Sie sind für den Zimmermann, den Schreiner und Handwerker in anderen Berufen unentbehrlich.

Ähnlich schwierig ist die Vorstellung des *Zueinander-senkrecht-Stehens* für jüngere Kinder. *Senkrecht* hat für viele Menschen zunächst die Bedeutung von *vertikal* oder *lotrecht.* Wir nennen aber zwei Linien immer dann *senkrecht* zueinander, wenn sie miteinander einen rechten Winkel bilden. Es wird also auch hier das Formelement *rechter Winkel* von der Raumlage abgelöst. Egal, wie wir das Schulheft auf den Tisch legen oder auch schräg in die Luft halten, seine Seitenkanten bleiben zueinander rechtwinklig.

Nicht alle Teile eines Hauses stehen in rechtem Winkel zueinander. Dächer werden oft einen stumpferen oder spitzeren Winkel als den rechten bilden. So kann der Übergang zu allgemeinen Winkelformen gefunden werden. Die *Schmiege* ist das Werkzeug, mit dem man beliebige Winkel leicht überträgt (siehe Abbildung 7).

Der Winkelmessung liegt im Prinzip die *Drehbewegung* zugrunde. *Drehen* bedeutet immer eine *Richtungsänderung*: Schauen wir zunächst in eine Richtung – z. B. nordwärts –, *drehen* uns und schauen dann in südwestlicher Richtung, so haben wir durch das Drehen eine Richtungsänderung vollzogen. Das Maß für diese Bewegung wird in Graden (oder auch in anderen Einheiten) angegeben. Eine volle Drehung wird in 360° unterteilt. Entsprechend ist eine Halbdrehung 180°, eine Vierteldrehung 90° und so weiter. Erste Übungen zur Winkelmessung sollten deshalb von Drehungen ausgehen.

Am einfachsten ist der Winkel im gleichseitigen Dreieck zu konstruieren. Diesen Winkel wählten die Sumerer beziehungsweise Babylonier als *Grundwinkel*, den sie wegen ihres 60er-Zahlensystems in 60 Abstufungen einteilten. Ein ganzer Dreieckswinkel und ein halber ergeben einen rechten Winkel (60° + 30° = 90°). Dieser ist für uns der wichtigste. Mit der Unterteilung in Grade können nun beliebige Winkel in Graden gemessen werden. An die Gradzahl hängen wir oben eine kleine Null, also zum Beispiel schreiben wir für den halben rechten Winkel 45°.[32]

Wie gesagt, wird in späteren Klassen auf den Winkelbegriff und die Winkelmessung vertiefend eingegangen.

Unterrichtspraktische Hinweise

Nach der Einführung des Winkelmaßes wird das Herstellen und Erkennen von Winkeln ausführlich geübt – durch Drehungen, die nach vorgegebenen Gradzahlen auszuführen sind, durch Winkel zwischen den Armen oder Beinen, durch Beugung zwischen dem Oberarm und Unterarm, als Winkel zwischen zwei geraden Wegen, die zwei Kinder laufen, und so weiter.

Wenn jedes Kind eine vorbereitete Kreisscheibe aus Papier erhält, kann es durch Falten sich einen einfachen Winkelmesser

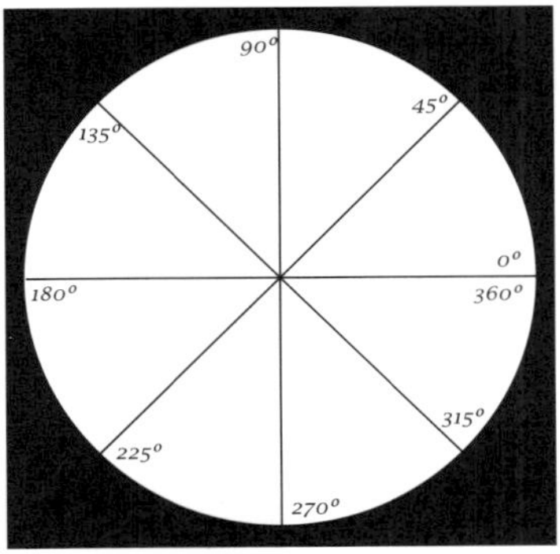

Abb. 8: Durch Falten erzeugter Winkelmesser[33]

Abb. 9: Winkelmesser

selbst herstellen (Abbildung 8). Ein erstes Zusammenfalten ergibt an den Endpunkten der Faltlinie 0° und 180°. Beim zweiten Falten erhält man am Rand des Kreises die Punkte für 90° und 270°. Dabei werden die Gradzahlen so angeschrieben, dass von 0° über 90° zu 180° und weiter zu 270° der Kreis *gegen* den Uhrzeigersinn[34] durchlaufen wird. Wenn man weiter geeignet faltet, erhält man die Punkte für 45°, 135°, 225° und 315°. Für feinere Unterteilungen kann man entweder weitere Punkte nach Augenmaß eintragen, oder man gibt am Rand der Kreisscheibe als Lehrer Markierungen vor.

Will man genauer arbeiten, z.B. in 5°-Schritten, sollten Kopien mit Gradeinteilung verteilt werden.

Wichtig ist, dass in der Mitte ein Loch gestochen wird, durch das der *Scheitel* eines Winkels mit einem spitzen Bleistift gezeichnet werden kann. Der Scheitel ist der Punkt, in dem die zwei (Halb-) Geraden, welche die beiden verglichenen Richtungen angeben, sich treffen.

Der Lehrer muss entscheiden, ob die hergestellten Winkelmesser für die Arbeit ausreichen oder ob eventuell eine Kopie eines sorgfältig gezeichneten Winkelmessers verteilt wird. In jedem Fall sollte der selbst hergestellte Winkelmesser im Epochenheft bewahrt werden. Da zum Falten dünnes Papier notwendig ist, kann es empfehlenswert sein, den gefalteten Winkelmesser auf etwas stärkeren Karton aufzukleben. Für die Arbeit an der Tafel sollte ein größerer Winkelmesser zur Verfügung stehen. Die Einführung des Geodreiecks als Winkelmesser wird erst später erfolgen.[35]

Mit diesem Winkelmesser können nun durch Gradzahlen vorgegebene Winkel gezeichnet und bereits gezeichnete Winkel gemessen werden.[36]

Übungen zum Umgang mit Winkeln

1.) Stell dich hin und lass dir von einem Mitschüler einfache Winkelangaben nennen und dreh dich entsprechend. Schätze, um wie viel du dich drehen musst, wenn zum Beispiel eine Drehung von 20° verlangt wird.
2.) Bilde mit Fingern, Armen, Beinen verschiedene Winkel und lass sie von einem Mitschüler schätzen.
3.) Zwei Schüler, die zunächst nebeneinanderstehen, sollen in einem vorgegebenen Winkel auseinandergehen.
4.) Zeichne eine Gerade als 0°-Linie und auf ihr einen Punkt als Scheitel. Trage gegen die 0°-Linie einen Winkel von 60° ab.
5.) Zeichne mit demselben Scheitel und derselben 0°-Linie Winkel von 30°, 60°, 90°, 120°, 150°, 180°, 210°, 240°, 270°, 300°, 330° und 360°.
6.) Zeichne zwei beliebige sich schneidende Geraden und miss den Winkel zwischen ihnen.
7.) Wie könnte man die Höhe der Sonne, des Mondes oder eines Sterns über dem Horizont in Winkelgraden messen? Kannst du ein Gerät bauen?

Bei diesen Aufgaben taucht u.a. das Problem auf, dass der Mittelpunkt des Winkelmessers eine genaue Lage auf einer oder zwei Geraden haben muss. Eine Nadel durch die Mitte des Winkelmessers kann helfen. Man sieht aber, dass die volle 360°-Scheibe zum Zeichnen von Winkeln nicht sehr günstig ist, wenn der Winkelmesser nicht durchsichtig ist. (Man kann durchsichtige kaufen.) Wer hat einen Vorschlag, wie man sich helfen könnte? Die häufigste Lösung ist, dass man nur eine *halbe* Kreisscheibe mit Winkeln von 0° bis 180° verwendet (siehe Abbildung 9). Der Mittelpunkt der ursprünglichen Kreisscheibe wird durch eine kleine Einkerbung markiert. Jetzt kann der Winkelmesser leicht an jede 0°-Linie bei einem beliebigen Scheitel angelegt werden.

Für Englischlehrer

Winkel heißt auf Englisch *angle* (und darf nicht mit angel = Engel verwechselt werden). Ein Winkelmesser heißt *protractor*. Ein rechter Winkel wird *right angle* genannt, ein spitzer *acute* und ein stumpfer *obtuse*. Diese Namen können am besten durch Aufforderungen geübt werden: Show with your arms an obtuse angle …

Die Längenmessung

Haben wir den Ursprung der Zeit- und Winkelmessung vornehmlich aus den Verhältnissen zum Kosmos hergeleitet, so wird das Längenmaß in erster Linie an irdischen Tätigkeiten gewonnen. War das Winkelmaß aus der Drehbewegung (an einem festbleibenden Ort) entstanden, so beschreibt nun das Längenmaß die Vorwärtsbewegung (entlang einer gleichbleibenden Richtung) von einem Anfangsort bis zum Ziel. Es lohnt sich, diese beiden gegensätzlichen Weltbezüge tätig zu üben und erlebbar zu machen, erwächst doch daraus die sichere Orientierung auf der Welt als Grundlage der Geometrie.[37] Dies kann auf vielfältige Weise angewandt werden, z.B. als Anweisung zur Schatzsuche oder als Blindenführung (ein Kind mit verbundenen Augen): Gehe 7 Schritte, drehe dich um 90° nach rechts, gehe 5 Schritte, drehe dich nochmals um 90° nach rechts, gehe 2 Schritte, drehe dich um 45° nach rechts, gehe 7 Schritte.

Winkelangaben werden ja zunächst als ungewohnt und neu erlebt, weil sie im Alltag kaum benutzt wurden, wogegen Entfernungsangaben mit Schritten oder Wegzeiten eher geläufig sind. Generell wird daher die Längenmessung entsprechend leichter zugänglich sein. Zudem können die Kinder mit ihren eigenen Körpermaßen die unterschiedlichsten Streckenlängen angeben. Da uns diese Art der Messung vertrauter ist, gehen wir gleich zu unterrichtspraktischen Hinweisen über.

Unterrichtspraktische Hinweise

Anregend ist es, mit den Kindern schrittweise das Längenmaß selbst zu entwickeln. Wir können zum Beispiel verschiedene Kinder den Klassenraum mit ihren Schritt- oder Fußlängen ausmessen lassen. Die Ergebnisse werden an der Tafel mit dem Namen des jeweiligen Kindes in einer Skizze des Raumes festgehalten. Dabei wird sich zeigen, dass jedes Kind ganz unterschiedliche *Maßzahlen* erhält. Die Schritte und Fußlängen der Kinder sind eben recht verschieden. Das wird gemeinsam angeschaut und besprochen.

Wäre man auf einer einsamen Insel allein und wollte sich eine Hütte bauen, so bräuchte man für die Wände, aber auch für das Dach immer wieder etwa gleich lange Stammstücke. Ein Stock in der notwendigen Länge würde erlauben, Baumstämmchen im Wald zu suchen, die die Länge der schon verbauten Stämme besitzen. Wir tragen einfach das Maß hin und her und vergleichen es mit geeignet erscheinenden Stämmchen. *Zahlen* spielen noch keine Rolle. Finden wir aber ein Stämmchen mit großer Länge, so fragen wir: Können wir daraus *zwei* Stücke der benötigten Länge zurechtschneiden? Das können wir durch Messen mit unserem *Einheitsstock* herausfinden, indem wir ihn zweimal oder öfter anlegen. *So kommen in den Messprozess Zahlen durch Bewegung und Wiederholung hinein.*

Sind wir, wie wir angenommen haben, allein und arbeiten nur für uns, so ist es ganz gleichgültig, wie und womit wir messen. Wir können in Schrittlängen, in Füßen, in Fingerbreiten oder eben mit beliebigen Stocklängen messen – für uns selber ist dies immer gut genug. Wo wir aber mit anderen Menschen zusammenarbeiten wollen, können wir nicht bei der eigenen Schritt- oder der eigenen Fußlänge stehenbleiben, sonst wüsste ein anderer gar nicht, wie lang ein Brett mit 7 Fuß wirklich ist. Da, wo wir mit anderen Menschen zusammenarbeiten, müssen wir uns auf ein *gemeinsames* Maß einigen, das nicht nur von mir abhängt. Darum entstehen sinnvolle Vereinbarungen (Konventionen) unter zusammenarbeitenden Menschen. In älteren Zeiten, als die Menschen noch weniger Verkehr über weite Strecken untereinander hatten, wählte jede Stadt ihr eigenes Maß. Das wurde dann zum Beispiel am Stadteingang angezeichnet, sodass hereinfahrende Kaufleute wussten, wie lang in dieser Stadt ein Fuß, eine Elle, ein Klafter oder was auch immer waren. Um eine Konvention durchzusetzen, bedurfte es in der Regel einer Autorität. Dies konnten Könige oder andere Herrscher, aber auch die führenden Persönlichkeiten einer Stadt – der Rat – sein.

Bis heute gebräuchlich ist auch, dass Entfernungen in *Zeiten* angegeben werden. Auf Wanderwegen findet man oft 30 Minuten oder 1½ Stunden als Entfernung angegeben. Wurden früher Tagereisen (mit der Postkutsche) als Maß benutzt, so werden heute noch Entfernungen in Russland gerne in *Nächten* (im Zug) angegeben: Die Entfernung von St. Petersburg nach Moskau ist 1 Nacht, St. Petersburg-Kislawotzk (im Kaukasus) sind vier Nächte und so weiter. Da in Russland Fernzüge fast immer aus Schlafwagen bestehen, sind eben die Nächte maßgeblich. Heute gibt man Entfernungen auch oft in Flugstunden an: Von Frankfurt nach New York sind es etwa 8 Stunden, nach San Francisco 14 Stunden. Diese Zeiten bieten eine viel realere Vorstellung von der Entfernung als eine Kilometerangabe, die nichts darüber aussagt, auf was man sich zum Beispiel in Russland mit dem Essen oder der Wäsche einzurichten hat.

Gemeinsam ist allen alten Maßen, dass sie unmittelbar mit den Lebenszusammenhängen der Menschen und ihren Tätigkeiten zu tun hatten. Dabei wurde das Maß jeweils so gewählt, dass es in überschaubaren Zahlen das Gemessene beschrieb. Der Schneider maß die Stofflänge in Ellen, der Schreiner eine Brettlänge in Füßen, der Wanderer eine größere Entfernung in Tagereisen und so fort. Im ausgehenden Mittelalter, als sich der Verkehr zwischen den Ländern – nach den fast vergessenen guten Straßenverhältnissen im Römischen Reich – wieder lebhafter entwickelte, richtete sich das Maßwesen nach größeren Herrschaftsgebieten. So gab es preußische Meilen, aber auch bayerische Meilen und so weiter, die etwa 7,5 km betrugen, also bei normalem Gang (mit Last) etwa in 2 Stunden zurückgelegt werden konnten.

Hier kann man vielleicht erwähnen, wie viel manche Menschen im Mittelalter – und natürlich auch davor und danach – zu Fuß gingen. Von Thomas von Aquino (ca. 1225 – 1274) weiß man, dass er seine vielen Reisen, die ihn u.a. nach Rom, Neapel, Bologna, Paris, Köln, Lyon und so fort führten, als Dominikaner nur zu Fuß zurücklegen durfte – bei jedem Wetter. Im Alter wurde ihm gewährt, dass ein jüngerer Mönch ihm seine Bücher und anderes trug. Beschreibungen von solch extremen Fußreisen waren immer interessante Lektüren und sind es heute noch.[38]

Ein nächster Schritt in der Entwicklung des Maßes kam in Verbindung mit dem französischen Rationalismus auf. Aus einem zu Abstraktionen fähigen Denken sagte man: Jede Länge lässt sich durch *ein* einziges Grundmaß bestimmen. Als – wie man meinte – leicht überprüfbares Grundmaß wählte man mit der damals möglichen Genauigkeit den zehnmillionsten Teil vom Viertel des Erdumfanges, also der Strecke vom Pol bis zum Äquator. Diese zum Teil empirisch, zum Teil rechnerisch ermittelte Länge unterteilte man dezimal so lange, bis ein im Verhältnis zur menschlichen Größe überschaubares Maß herauskam, das man später *Meter* nannte. Obwohl die Beziehung zum Erdumfang ganz unwesentlich ist, hoffte man so eine Größe zu haben, die immer wieder neu verifiziert werden könnte. Dass sie nicht unwesentlich vom tatsächlichen Erdumfang abwich, konnte erst später bemerkt werden.[39] Auf einem Platinstab ritzte man die Länge des Urmeters ein, und an ihm wurde lange Zeit die «wahre» Länge des Meters abgelesen. Es dauerte aber in Europa noch etwa 250 Jahre, bis dieses Maß allgemein galt. Zuletzt schloss sich qua Vertrag auch Großbritannien bei seinem Eintritt in die Europäische Gemeinschaft dem metrischen System an.

Weil aber in den USA diese Umstellung nicht mitvollzogen wurde, sind dort immer noch nichtmetrische Maße im Gebrauch.[40] Selbst bei uns wird für Wasserleitungen der Durchmesser von Rohr- und Hahnanschlüssen meist immer noch mit *Zoll* angegeben – mit der Umrechnung 1" = 1 Zoll = 1 inch = 25,4 mm. Ein normaler Gartenschlauch hat z.B. den Innendurchmesser ½", das Hahngewinde ¾". Ein Zoll entspricht etwa der Breite eines Männerdaumens. Der Fuß und der Schritt ergaben weitere Maße. Die (Land-)Meile war auch bei uns früher ein beliebtes Längenmaß für Straßenentfernungen. Es stammt von der römischen Meile (mille = 1000) ab: Die römischen Soldaten maßen beim Marschieren mit großen Schritten. Weil sie aber immer nur bei einem Fuß mitzählten, war der entsprechende Doppelschritt fast 1½ m lang, und die Meile erreichte deswegen knapp 1,5 km. Die amerikanische Meile (mile) hält sich mit ca. 1,6 km noch recht gut an diese Tradition. Für den Postkutschenverkehr wurde bei uns die viel größere (Post-)Meile mit ca. 7,5 km Länge benutzt. Die Seemeile (1,852 km) hat einen völlig anderen Maßbezug, sie entspricht dem Winkelausschnitt von einer Winkelminute des Erdumfangs – für Seeleute war dies ein sehr praktisches Maß, weil auf Seekarten alle Ortsangaben mit Winkeln (Längen- und Breitengrade) angegeben sind.

Der Übergang von den alten Maßeinheiten mit ihren Beziehungen zum Menschen und seinen Tätigkeiten zum metrischen System brachte Vor- und Nachteile. Die Nachteile lagen in der empfundenen Abstraktion des Maßes, das nun nicht mehr auf den Umgang mit der Welt bezogen wurde. Der Vorteil lag gerade in dieser Abstraktion und der großen Erleichterung im Umgang mit Maßzahlen. Wenn alle Maße dezimal unterteilt sind, lassen sich die üblichen Rechenverfahren unmittelbar darauf anwenden. Als Beispiel für ein nichtdezimales Gliedern werden wir später für Englischlehrer auf das Rechnen im alten britischen Münzsystem hinweisen.

Für Englischlehrer

Weil in den USA heute noch sehr ähnliche Maße wie früher in Europa täglich benutzt werden, füge ich eine Liste der gebräuchlichsten Längenmaße ein:

Einheit	Deutsch	Abkürzung	Zeichen	Größe	Metrische Größe	
inch	Zoll	in.	"		2,54 cm	0,0254 m
foot	Fuß	ft.	'	12"	30,48 cm	0,3048 m
yard	Schritt	yd.		3 ft.	91,44 cm	0,9144 m
mile	Meile	mi., m.		1760 yd.	≈ 1,61 km	1.609,3440 m

Beim Fliegen werden gewöhnlich die Höhe und die Geschwindigkeit sowohl im metrischen wie auch im angelsächsischen System angegeben. Eine Höhenangabe von 33.000 ft. bedeutet dann etwas mehr als 10.000 m Höhe.

Umwandeln von Maßeinheiten

Ist der oder das Meter als Längenmaß eingeführt, besprechen wir, dass es sehr unpraktisch wäre, wenn wir alle Entfernungen oder Längen in Metern ausdrücken wollten. Von Mannheim bis Stuttgart wären es dann etwa 138.000 m. Weil tausend auf Griechisch *Kilo* heißt, fasst man deshalb 1000 Meter in 1 Kilometer (1 km) zusammen und kann dann sagen: Von Mannheim nach Stuttgart sind es etwa 138 km. Will man umgekehrt Kleineres als 1 m messen, so nimmt man kleinere Einheiten als Maß. Dies sind in unserem Dezimalsystem *Dezimeter* (dm), *Zentimeter* (cm) und *Millimeter* (mm).

Grundsätzlich gilt: *Je größer das verwendete Maß ist, desto kleiner werden die Maßzahlen, und umgekehrt: Je kleiner das von uns verwendete Maß ist, desto größer werden die Maßzahlen:*

1 km = 1000 m = 10000 dm = 100000 cm = 1000000 mm.

Wir können also die gemessene Länge einer Strecke auf viele Arten ausdrücken. Die Länge einer Strecke ändert sich natürlich nicht, wenn wir sie mit verschiedenen Einheiten messen – von Mannheim nach Stuttgart bleibt es gleich weit, unabhängig davon, ob wir sie in km, Meilen, Fuß oder cm messen!

In zahlreichen Übungen sowohl im Klassenraum wie im Freien erfahren wir die Maße in der Realität und rechnen sie in entsprechenden Aufgaben um. Dabei werden die Kinder mit den Dezimalzahlen in einfachster Weise vertraut gemacht. Beispiele sind in den Übungen angegeben. Eine gründliche Erarbeitung der Dezimalzahlen und ihres Zusammenhangs mit den Dezimalbrüchen erfolgt in der 4. Klasse im Rahmen des Bruchrechnens. Dennoch kann hier mit der Kombination Meter und Zentimeter die gängige Kommaschreibweise eingeführt werden: 130 cm wandeln wir um in 1 m 30 cm und können es als *1,30 m* schreiben, lesen aber wie im Alltagsgebrauch *Einmeterdreißig*.

Übungen zur Längenmessung

1.) In Möbel- oder Baumärkten sind Metermaße aus Papier kostenlos erhältlich. Man kann sie in der Klasse direkt verwenden oder als Modell für die Herstellung eines eigenen Metermaßes austeilen. Dann müssen aber entsprechende Papierstreifen zur Verfügung stehen. Mit diesen Metermaßen können nun im Klassenraum sorgfältig die verschiedensten Längen bestimmt werden. Auf kariertem Papier kann damit maßstäblich ein Grundriss des Klassenraums gezeichnet werden. Fast alle Baupläne in der Architektur bestehen in solchen maßstäblichen Plänen.[41] Hat ein Klassenraum etwa die Maße 7 m × 5 m, dann wird auf dem Blatt 7 cm x 5 cm gezeichnet. Selbstverständlich sind andere Maßstäbe möglich, damit eine geeignete Größe entsteht, doch der Maßstab 1 : 100 mit der Entsprechung von 1 cm im Plan zu 1 m in der Wirklichkeit wird für die Kinder der einfachste sein.

2.) Werden dann noch der Abstand der Tür von einer Querwand, zum Beispiel der Tafelwand, und die Türbreite gemessen, so kann die Tür in den Grundriss eingetragen werden. Entsprechend können die Fenster oder auch die Tafel gemessen und gezeichnet werden.

3.) Als Hausaufgabe können die Kinder näherungsweise den Grundriss ihres Zimmers oder sogar der ganzen Wohnung anfertigen.

4.) Ausführlich und immer wieder sind Längen zu *schätzen*. Dabei kann man zunächst auch mit Schritt- oder Fußlängen beginnen: Zwei Kinder stellen sich in einem gewissen Abstand auf. Wie viele Schritte oder Füße ist dieser Abstand? Natürlich wird manches Kind dabei seine eigene Schätzung durch sehr große oder kleine Schritte zu bewahrheiten versuchen. Das kann sehr anregend wirken. Fragt man dann nach dem Abstand in Metern, ist ein solches «Korrigieren» nicht mehr möglich. Diese und ähnliche Übungen können auch jeweils zwei Kinder im Zentimeterbereich miteinander durchführen.

5.) Eine interessante Frage könnte sein: Wie hoch ist der Klassenraum? Da man die Decke im Allgemeinen nicht so leicht erreichen kann, sollten die Kinder Methoden entwickeln, wie doch die Deckenhöhe zu bestimmen ist. Eine Schnur und ein Stock können helfen.

6.) Auch die Frage «Wie hoch ist ein Fensterbrett über dem Schulhof?» lässt sich meistens nicht gefahrlos mit einem Metermaß feststellen. Eine herabgelassene Schnur, die am unteren Ende beschwert ist wie ein Lot, kann helfen.

7.) Ein Sprungwettbewerb kann einen guten Anlass zum Messen bieten. Wie weit kommen einzelne Schüler mit einem Sprung, mit zwei, drei, vier, fünf, sechs oder sieben Sprüngen?

8.) Zu Hause können die Schüler die Höhen unterschiedlicher Tische messen. Wie hoch sind sie im Verhältnis zu ihren Schultischen? (Couchtische werden im Allgemeinen niedriger, Esstische höher sein.)

9.) Fußlängen, Handspannen, Klafter (= der Abstand bei seitlich ausgestreckten Armen von der längsten linken Fingerspitze zur längsten rechten), Körpergrößen und vieles andere mehr lassen sich so bestimmen und zeigen interessante Unterschiede im Körperbau der Kinder, aber auch überraschende Übereinstimmungen wie bei Klafter und Größe. Das Interesse wird gesteigert, wenn in der Klasse versucht wird, die Körpergröße möglichst genau zu messen. Ein senkrechter Maßstab an der Wand und ein ausreichend großer rechter Winkel genügen dazu. Natürlich stellen sich bei solchen Messungen unter den Kindern nicht nur rein zahlenmäßige Vergleiche ein, sondern auch sehr leicht solche, die nicht angebracht sind.[42]

10.) Drücke 22 m in Dezimetern (dm) und in Zentimetern (cm) aus.

11.) Drücke 22 cm in mm aus.

12.) Was bedeutet 2,35 m? Wie viele dm, cm und wie viele mm sind es?

13.) Dasselbe für 7,34 m; 9,99 m; 3,1 m.

14.) Was bedeutet 0,20 m? Was 0,02 m?

15.) Rechne 2,34 km in m um.

16.) Miss die Seiten deines Heftes mit einem cm-Maß und drücke die Länge in cm, mm, dm und m aus.

Wie immer sind diese Aufgaben exemplarisch gemeint und können in vielfacher Weise variiert werden.

Sachkunde: Nageln, Schrauben, Verleimen und Nähen

Beim Nageln, Schrauben, Verleimen und Nähen geht es um das Verbinden getrennter Teile. Mit den Kindern kann man zunächst ein Gespräch darüber führen, wann was davon verwendet wird und wer welche Erfahrungen damit hat. In der Klasse lassen sich an einem Stück Balken sehr gut kleine praktische Übungen im Verleimen, Nageln und Schrauben durchführen, und natürlich kann man auf Genähtes hinweisen. Wie anders sind die Bewegungen bei diesen vier Arten der Verbindung! Der Leim wird flächig verstrichen. Der Hammer treibt den Nagel vorwärts ins Holz (fortschreitende Bewegung), beim Schrauben wird vor allem gedreht (Drehbewegung), und beim Nähen bewegt sich die Nadelführung sehr frei im Raum. Natürlich kann man Kinder bitten, unterschiedliche Nägel, Schrauben, Nähzeug und die zugehörigen Werkzeuge mitzubringen.

Eine kleine Nagelkunde

Wie oft sind beim Bauen zwei zuerst getrennte Teile miteinander zu verbinden! Hat man es mit Holz zu tun, ist das *Nageln* oft das Einfachste. Doch sind beim fachgerechten Nageln einige wichtige Regeln zu beachten:

1.) Nagelverbindungen sind nicht besonders gut für Zug in der Nagelrichtung geeignet. Soll aber zum Beispiel eine Dachlatte an einem Balken befestigt werden, wo die Kraft hauptsächlich quer zum Nagel wirkt, ist das Nageln gewöhnlich das Schnellste.

2.) Es gibt viele Arten von Nägeln, die für unterschiedliche Aufgaben verwendet werden. So gibt es harte Stahlstifte, Dachpappennägel, Polsternägel und viele andere Spezialnägel.

3.) Wichtig sind Stärke, Länge und sogar die Elastizität eines Nagels.

4.) Oft besteht die Gefahr, dass bei der Verwendung von zu

dicken Nägeln eine Holzleiste gespalten wird. Dieselbe Gefahr ist grundsätzlich zu beachten, wenn man in Stirnholz nagelt. Am besten nagelt man dann schräg ins Holz mit recht dünnen Nägeln. Es kann auch helfen, die Nagelspitze mit einigen leichten Hammerschlägen stumpf zu machen. Dann werden die Holzfasern vom Nagel zerrissen, und das Holz spaltet nicht so leicht auf.

Eine kleine Schraubenkunde

Soll eine Holzverbindung stärkerem Zug standhalten, verwendet man vor allem Schrauben. Es gibt heute eine kaum überschaubare Menge von Schraubenarten für die unterschiedlichsten Zwecke. Jede Schraube besitzt ein *Gewinde,* und zu ihr gehört ein *Gegengewinde*. Eine *Holzschraube* schneidet sich beim Hineinschrauben das Gegengewinde im Holz selber; für *Maschinenschrauben*. muss es in der Regel durch einen Gewindebohrer im Metall vorgeschnitten sein. Ist das nicht der Fall, verwendet man eine *Mutter*. Schraube und Mutter müssen natürlich das gleiche Gewinde besitzen, was durch genormte Gewindegrößen sehr erleichtert wird.[43] Durch Schrauben werden gewöhnlich die Teile viel fester zusammengehalten als durch Nägel, außerdem sind sie ohne Beschädigung auch wieder leichter voneinander lösbar.

Charakteristisch sind für Schrauben außer Zweck, Material, Länge und Stärke vor allem die Steigung des Gewindes: Um wie viel schraubt sich eine Schraube bei einer vollen Drehung (360°) weiter hinein (oder beim Lösen heraus)? Auch dies ist in der *Norm* genau festgelegt je nach Art der Schraube. So bewegt sich ein M6-Gewinde bei einer vollen Umdrehung um genau 1 mm weiter; das ist genügend flach, um die Schraube fest sitzen zu lassen: Sie ist *selbsthemmend*. Holzschrauben haben wesentlich steilere Gewinde, das sich wegen der großen Reibung im Holz nicht selbst löst.

Hinweisen wollen wir noch auf die unterschiedlichen Köpfe von Schrauben:

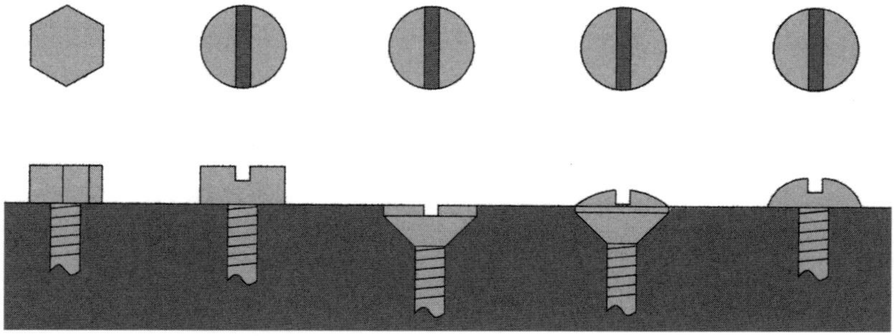

Abb. 10: Schraubenköpfe

Diese verschiedenen Schrauben verlangen unterschiedliche Werkzeuge. Die meisten Schrauben haben heute nicht einen Schlitz wie die vier rechten Schrauben (Abbildung 10), sondern verlangen die unterschiedlichsten Klingen (Bits) – vom traditionellen Schlitzschraubenzieher über den sehr verbreiteten Kreuzschraubenzieher bis zu fast unübersehbar vielen Spezialklingen (siehe Abbildungen 11 und 12). Besonders wichtig für die Praxis ist, dass der Schraubenzieher festen Halt hat und nicht abrutschen kann. Zimmerleute verwenden zum Beispiel manchmal sehr lange und dicke Holzschrauben, die mit einem Sechskant enden und nur mit großen Schraubenschlüsseln zu drehen sind.

In den Abbildungen 13 und 14 sind zwei Spezialschrauben gezeigt. Die linke ist eine Schraube mit einem Bohrer an der Spitze, die sich also das Loch selber vorbohrt, die rechte hat an einem Ende ein Holz-, am anderen Ende ein Maschinengewinde. Diese *Stockschraube* kann mit dem Holzgewinde in Holz oder Kunststoffdübel eingedreht werden, dann ist das Maschinengewinde für beliebige Montagen mit Muttern zur Verfügung. Man kann sie in der Mitte mit einem Maulschlüssel oder am Metallgewinde mit einem Inbusschlüssel drehen.

In den Autowerkstätten werden häufig die unten abgebildeten Schraubenschlüssel mit einem *Maulschlüssel* an der einen

Abb. 11: Einige Schraubenköpfe

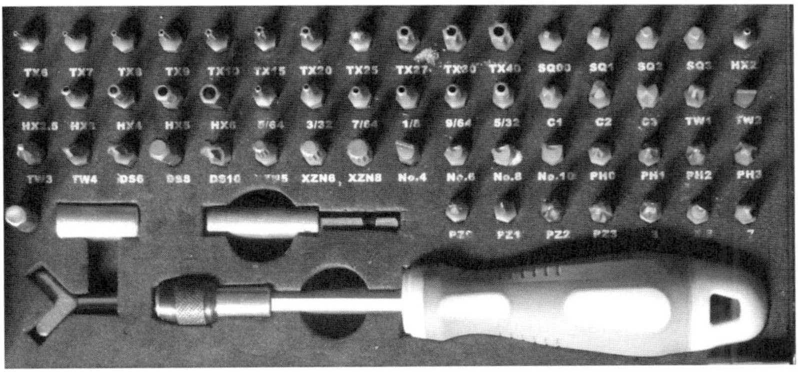

Abb. 12: Schraubenzieher-Bits

Abb. 13: Schrauber mit Vorbohrer

Abb. 14: Stockschraube mit 2 Gewinden

Abb. 15: Kombinierte Maul- und Ringschlüssel

und einem *Ringschlüssel* an der anderen Seite verwendet (Abbildung 15). Die Neigung des Maulschlüssels von 30° gegen den Griff hat einen besonderen Grund: Selbst bei nur wenig Bewegungsspielraum kann noch eine Sechskantschraube in kleinen Schritten gelöst oder festgeschraubt werden, indem man den Schlüssel immer wieder wendet. Gerne werden heute auch *Rätschen* verwendet, die zum Beispiel in 15°-Schritten das Schrauben erlauben, ohne dass die *Nuss* ständig neu angesetzt werden muss.

Zu dem Verbinden von Einzelteilen gehört natürlich auch das *Verleimen*: Allerdings kann man verleimte Teile nicht mehr oder nur sehr schwer wieder voneinander lösen. Leimen ist also auf Dauer angelegt. Nageln und Schrauben lassen sich wieder lösen – wenn auch manchmal nur mit Mühe. Das Verleimen kleinerer Stücke und dünnerer Schichten zu größeren Platten wird heute sehr viel verwendet, zum Beispiel bei verleimten Tischplatten, aber auch bei Leimbindern als besonders belastbare Träger in Bauten. Dadurch braucht man weniger große Einzelbretter oder Balken und kann das Holz viel besser ausnutzen; dazu sind diese Leimhölzer stabiler und bleiben eben.

Eine kleine Stichkunde

Das Verbinden von Teilen geschieht auch beim *Nähen*. Ihm geht gewöhnlich die Herstellung eines *Gewebes* aus Fäden voraus. Anders als bei Holz und Metall ist das Material *beweglich, verformbar*. Es soll ja in vielen Fällen – wie bei der Kleidung – sich dem *bewegten* Menschen anpassen. Beim Spinnen werden viele kürzere Fasern zu einem langen Garn vereinigt, Weben, Stricken oder Häkeln machen aus dem (eindimensionalen) Garn ein Stück Textil (zweidimensional). Vor allem beim Stricken kann man recht gut die gestrickte Fläche der räumlichen (dreidimensionalen) Gestalt des Menschen durch Zu- und Abnehmen anpassen. Man kann ja selbst etwas so Kompliziertes wie eine Socke oder gar einen Fingerhandschuh stricken!

Bei Geweben (Stoffen) ist es schon viel schwieriger: Man muss die Stoffteile richtig zuschneiden und zu einem Kleidungsstück zusammennähen. Eine Schneiderin muss sich sehr gut vorstellen können, welche ebenen Teile die gewünschte räumliche Form ergeben.

Im Mittelalter musste ein Schneider in der Lage sein, einem Menschen, der einmal sich vor ihm drehte und an ihm vorbeiging, ein passendes Kleidungsstück zu nähen. Das war dann ein Einzelstück für genau diesen Menschen. Heute kann man sich zwar noch beim Schneider einen Maßanzug oder ein besonderes Kleid (zum Beispiel ein Hochzeitskleid) nähen lassen; das ist aber teuer und wird nicht allzu häufig gemacht.

Ich füge hier eine sehr anschauliche Darstellung aus dem Internet ein.[44]

«Handstiche: Obwohl viele Nähmaschinen über die nötigen Stiche verfügen, z.B. um ein Knopfloch zu nähen, und Nähmaschinennähte haltbarer sind als Handstiche, ist es manchmal dennoch nötig, zu Nadel und Faden zu greifen. Kleinere Näharbeiten oder Ausbesserungen sind schneller mit der Hand genäht, als erst die Nähmaschine auszupacken. Kleine Stofftiere oder Dekorationen können mit Handstichen genauer gearbeitet werden als mit der Maschine. Tatsächlich wird in der Haute Couture meist mit der Hand genäht.

Verwenden Sie möglichst dünne und lange Nadeln. Das Nahtende wird mit einigen Rückstichen gesichert. Wenn Sie einen dicken Knoten benötigen, wickeln Sie den Faden einige Male um den Zeigefinger, bevor Sie den Knoten machen.

Der Heft- oder Vorstich

Diese Naht wird zum Einreihen oder zum Vorheften verwendet. Wenn es beim Nähen auf Genauigkeit ankommt, geht nichts über das Vorheften mit dem Heftstich. Dafür gibt es einen extra Heftfaden zu kaufen, der sich leicht reißen lässt. Nach dem

Heften wird mit der Nähmaschine darübergenäht und der Haftfaden anschließend wieder entfernt. Heften geht schnell. Machen Sie gleich mehrere Stiche auf einmal, bevor Sie die Nadel ganz durchziehen.

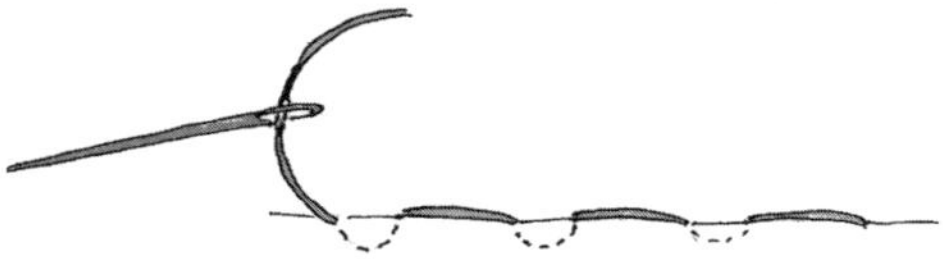

Abb. 16: Der Heftstich

Der Steppstich

Diese Naht eignet sich zum endgültigen Zusammennähen von Stoffteilen. Gearbeitet wird von rechts nach links und von der rechten Stoffseite aus. Stechen Sie die Nadel rechts vom Ausstich dicht am vorherigen Ausstich wieder ein. Also einmal zurück und zwei nach vorn.

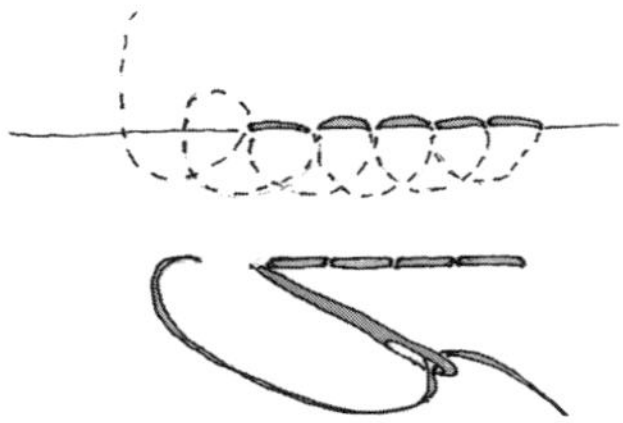

Abb. 17: Der Steppstich

Der Rückstich

Wird so genäht wie der Steppstich, doch die Nadel wird nicht dicht am vorherigen Ausstich eingestochen, sondern ebenfalls links, aber nur wenige Gewebefäden neben dem Ausstich, was die Naht fast unsichtbar macht.

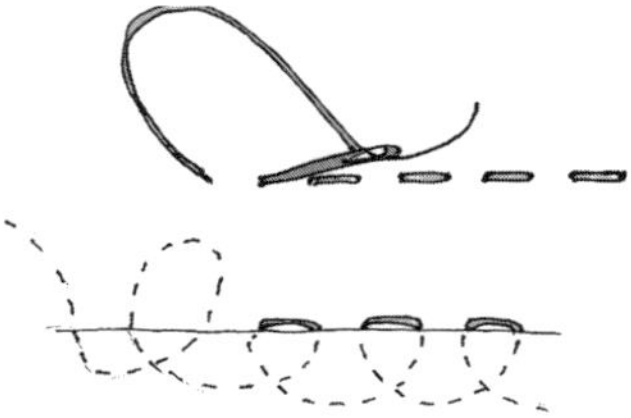

Abb. 18: Der Rückstich

Der Knopflochstich
Mit diesem Stich können nicht nur Knopflöcher genäht werden. Auch Kanten können Sie damit dekorativ einfassen. Vielleicht haben Sie diesen Stich schon an Kanten von Wolldecken gesehen. Gearbeitet wird dabei wieder von rechts nach links. Die Nadel wird ca. 5 mm – 1 cm neben der Kante eingestochen. Die Nadelspitze liegt über dem nach links gelegten Faden. Verfahren Sie mit dem nächsten Stich genauso.

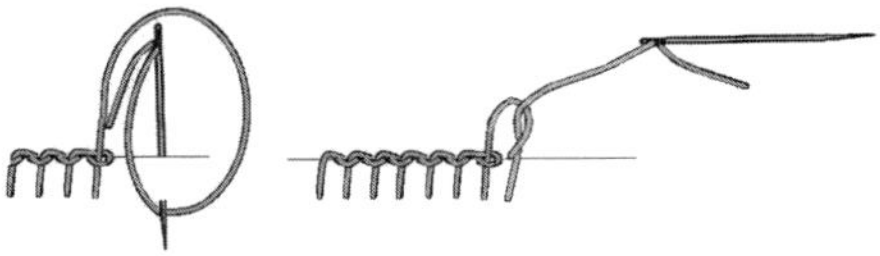

Abb. 19: Der Knopflochstich

Der Hohlsaumstich
Mit diesem Stich können Sie Säume so festnähen, dass die Naht von der rechten Stoffseite aus unsichtbar ist. Versäubern Sie die Saumkante mit Zickzackstichen. Schlagen und bügeln Sie den Saum um. Befestigen Sie den Faden an der Innenseite des Umschlags. Nehmen Sie nun oberhalb, etwa 6 mm nach links, wenige Gewebefäden auf. Achten Sie darauf, dass Sie nicht durch den Stoff hindurchstechen.

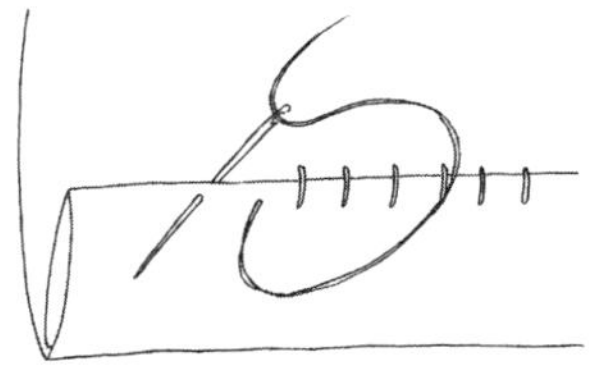

Abb. 20: Der Hohlsaumstich

Der Straffierstich
Dieser Stich ist wie der hohle Saumstich von der rechten Seite aus unsichtbar. Der Straffierstich wird bei doppelt umgeschlagenen Säumen verwendet. Stechen Sie von unten nach oben durch die Bruchkante. Nehmen Sie ca. 2 mm links und etwas oberhalb

der Bruchkante einige Gewebefäden auf. Achten Sie darauf, dass Sie nicht ganz durch den Stoff durchstechen. Stechen Sie dann ca. 2 mm links von oben in die Bruchkante. Schieben Sie die Nadel im Bruch nach links, und stechen Sie dort wieder aus. Wiederholen Sie den ganzen Vorgang.

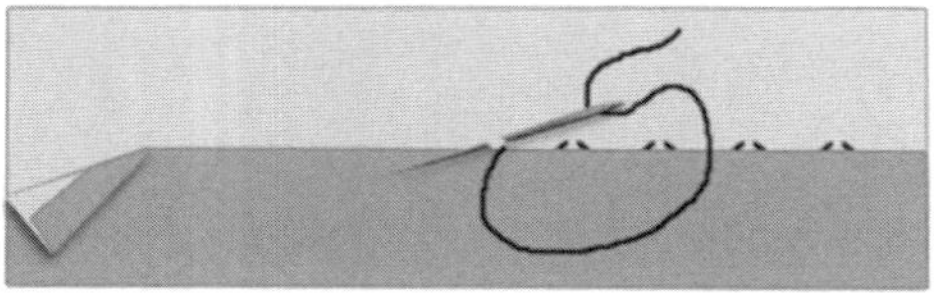

Abb. 21: Der Schraffierstich

Der Hexenstich

Dieser dekorative Stich eignet sich sehr gut, um 2 dickere Stoffe zusammenzufügen, ohne dass sie überlappen. Das macht sich z.B. bei Leder sehr gut, aber auch bei dicker Vlieseline oder Wolle.

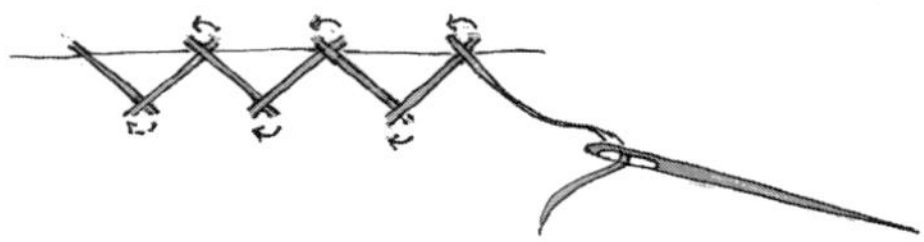

Abb. 22: Der Hexenstich

Übungen zur Sachkunde

- Versucht, in der Klasse eine Sammlung unterschiedlicher Nägel, Schrauben und der zugehörigen Werkzeuge zusammenzustellen. Was zu Hause zurückzugeben ist, muss natürlich sorgfältig aufbewahrt werden.
- Macht einen Wettbewerb im Nageln: Wer kann mit den wenigsten Hammerschlägen einen Nagel ganz einschlagen?
- Wer kann, bringt ein altes Brett mit rostigen Nägeln mit. Versucht, die Nägel zu entfernen.
- Miss bei einer längeren Holzschraube die Gewindelänge mit

der Millimeterskala des Lineals oder Meterstabs und zähle die Windungen. Um wie viel wird die Holzschraube bei einer Umdrehung hineingeschraubt?
- Probiere einige der oben angegebenen Stiche aus. Kannst du dir denken, warum es so viele unterschiedliche Stiche gibt?
- Schaue dir Nähte an und zähle, wie viele Stiche auf 5 cm kommen. Zähle, wie viele Stiche du für 5 cm gemacht hast.

Flächenmaße

Auch die Flächenmaße sind aus praktischen Bedürfnissen entstanden. Die Fläche eines Ackers ist – neben der Bodenqualität, dem Klima und dem verwendeten Saatgut – bestimmend dafür, wie viele Menschen von ihm leben können. Haben die Menschen (wie häufig nach Aufhebung der Leibeigenschaft im alten Russland) zu wenig Land, um sich und ihre Familie zu ernähren, so entsteht Not, die zu sozialen Unruhen führen kann. Wie viel Erde ein Mensch zum Leben braucht, lässt sich allgemein nicht ausdrücken, da es von vielen Faktoren abhängt. Ohne die Früchte der Erde kann aber kein Mensch leben. Daher ist es so wichtig, dass die Ackerfläche, auch bei unterschiedlicher Gestalt, gerecht nach seiner Größe bestimmt wird. Diese Kunst wurde zuerst im alten Ägypten entwickelt. Jährlich überschwemmte der Nil einmal das Ackerland und lagerte auf ihm den fruchtbaren Nilschlamm ab.[45] Dadurch wurden aber die Grenzen verwischt. Es oblag einer bestimmten Priesterschaft, das Land neu zu vermessen und einzuteilen. Fühlte sich jemand benachteiligt, konnte er sich bei einer dafür eingerichteten Stelle melden und um Korrektur bitten. Von der 6. Klasse an werden wir uns mit der Vermessung und Berechnung von Flächen beschäftigen. Das geschieht in der Geometrie. Geo-Metrie heißt Erd-Vermessung.

Wie stark die Empfindung für die Größe eines Ackers oder Feldes mit der dafür nötigen Arbeit verbunden war, sagt uns das alte bäuerliche Flächenmaß *Morgen*.[46] Das war die Fläche, die er mit seinem Pferd oder Ochsengespann an einem Morgen (= 6 Std.) ackern konnte. Ähnlich nah der Arbeit war das *Tagewerk*. Heute messen wir Gartenbeete in Ar, das entspricht 10 m x 10 m oder einem Gemüsebeet von 4 m Breite und 25 m Länge. 25 solcher Beete waren so groß wie 1 Morgen Ackerland. Ackerflächen und Hofgrößen geben wir heute in *Hektar* (ha) an, das sind Felder von zum Beispiel 100 m x 100 m. Sie können aber natürlich auch eine andere Gestalt haben. Ein Hektar sind 100 Ar oder 4 Morgen.

Im Hausgarten und in Wohnräumen vergleichen wir die Flächenausdehnung mit dem Quadratmeter: Wenn wir mit 1 m x 1 m großen quadratischen Kartons eine Fläche ausgelegt haben, kennen wir die Flächengröße als Anzahl der gebrauchten 1-Meter-Quadrate. 100 solcher Quadratmeter brauchen wir für die Fläche des Gemüsebeetes von 1 ar, aber schon 2500 für einen Acker mit 1 Morgen.

Für die dritte Klasse genügen uns einige solcher anschaulicher Beispiele, welche die Kinder im Schulgarten oder draußen auf dem Feld sehen oder gar bearbeiten können. Sie sollen wenigstens gespürt haben, dass auch Flächen gemessen und verglichen werden können.

Hohlmaße

Mit den Hohlmaßen bestimmen wir den Rauminhalt (Volumen). Diesen liegen ebenso praktische Bedürfnisse zugrunde, weil damit bei allen schüttbaren Waren rasch deren Menge festzustellen war. Wie soll man die Menge und auch den Preis von Getreide vergleichen, wenn man kein verlässliches Maß dafür hat? Früher war der *Scheffel* das am häufigsten benutzte Hohlmaß für Getreide. Es gab aber landschaftlich sehr verschiedene Scheffel – von gut 40 Liter (Mühlhäuser Scheffel) bis zum bayerischen Scheffel von gut 222 Liter.

Noch heute verwenden wir in der Küche gerne einen praktischen Messbecher, mit dem rasch die gewünschte Zucker- oder Mehlmenge ohne Waage bestimmt wird.

Viel Streit scheint es in älteren Zeiten darum gegeben zu haben, wie viel ein *Fass* Wein ist. Um Frieden zu stiften, wurde in manchen Weingegenden an der großen Kelter ein Behälter aufgestellt, in den der Wein eingefüllt und wieder abgelassen werden konnte. Das war dann das offizielle Maß. Welche Form oder Größe dann ein anderes Fass hatte, war egal. Gemessen wurde mit dem für alle gültigen Maßfass.

In alten Zeiten wurde die Teuerung in einem Land häufig dadurch ausgedrückt, wie viel Denar ein Maß (chœnix) Weizen kostete. 1 Denar war um Christi Zeit etwa der Lohn, den ein Tagelöhner pro Tag erhielt. Ein Maß[47] Weizen war die Menge, die etwa für einen Tag für eine Person als Nahrung reichte. Nach Fausset[48] wurden für einen Denar zwischen 16 und 20 Maß Weizen gegeben. Wenn es also in der Offenbarung des Johannes 6,6 heißt, dass ein Maß Weizen 1 Denar kostete, so bedeutete dies, dass der Preis um das 16- bis 20-Fache stieg. Viele Menschen würden also verhungern müssen.

Als Hohlmaß für Rauminhalte verwenden wir das Maß 1 *Liter*, das genau von einem hohlen Würfel mit 10 cm Seitenlänge (= 1 dm^3) gefasst wird. In diesen Würfel passen 10 x 10 x 10 = 1000 Würfelchen mit 1 cm Seitenlänge, jedes mit 1 Milliliter = 1/1000 Liter.

Unterrichtspraktische Hinweise

Im Unterricht kann zunächst im Sinne der vorangehenden Beschreibungen begründet werden, warum man Flächen- und Hohlmaße verwendet. Ein Gespräch darüber, was beim Hausbau oder in den einzelnen Berufen in Längen-, Flächen- oder Hohlmaßen gemessen wird, kann die Kinder mit räumlichen Verhältnissen anfänglich vertraut machen, ohne dass schon in die Längen-, Flächen- oder Volumenberechnung im engeren Sinn eingegangen wird. Der Maler interessiert sich vor allem für die Flächenausdehnung der gestrichenen oder tapezierten Wände, der Maurer für das Volumen der gemauerten Wände und so weiter.

Wie beim Längenmaß können die Kinder mit dem Flächen- oder Hohlmaß zunächst viele freie Übungen durchführen. Diese werden dann in den Umgang mit Quadratmetern und Kubikmetern übergeführt. Grundsätzlich gilt aber: Längen werden mit Längen, Flächen mit Flächen und Volumen mit Volumen gemessen. Auf die Berechnung der Flächen und Volumen aus Längenmessungen wird von der 6. Klasse an eingegangen.

Um die Flächen- und Hohlmaße nicht als bloße Rechengrößen zu behandeln, kann man im Unterricht die Frage stellen: Welche Fläche benötigt man in unseren Gegenden bei einem durchschnittlich guten Boden, um einen Menschen ein Jahr lang zu ernähren? (Die Antwort hängt natürlich sehr stark von den Essgewohnheiten ab. Im Allgemeinen benötigen Veganer und Vegetarier deutlich weniger Boden – etwa 400 m^2. Nicht-Vegetarier benötigen mit etwa 2500 m^2 deutlich mehr. Welche Weidefläche braucht eine Kuh oder ein Schaf, um von ihr leben zu können? (1 – 1,5 ha oder 100 – 150 ar pro Kuh bzw. 0,1 ha oder 10 ar pro Schaf.) Alle diese Größen sollten von den Kindern in der Natur abgeschritten werden, sodass ein reales Verhältnis zu den Maßen entsteht.

Übungen zur Flächen- und Volumenbestimmung

1.) Ein Topf wird im Waschbecken aufgestellt und eine Tasse bereitgestellt. Schätze, wie viele Tassen Wasser in den Topf passen, bis er randvoll ist. Verwende unterschiedlich große Töpfe und auch andere Behälter.

2.) Wie könnte man deiner Meinung nach das Volumen eines Kofferraums bestimmen? Schätze das Kofferraumvolumen eures Autos (oder das eines Freundes). Vergleiche (mithilfe eines Erwachsenen) das Ergebnis mit den Angaben des Herstellers. (Die Werte, die der ADAC angibt, sind in der Regel kleiner, da vom Hersteller zum Beispiel der Platz des Reserverades nicht mitgemessen wird.)
3.) 1 l Wasser wiegt – je nach Temperatur – ziemlich genau 1 kg. Versuche, mit einer Küchenwaage das Volumen verschiedener Gefäße wie Becher, Kannen, Vasen … zu bestimmen.
4.) Lege eine Briefmarke neben eine Postkarte und schätze, wie viele Marken du bräuchtest, um die gesamte Karte abzudecken. Prüfe es dann mit der einen Marke nach: Wie oft musst du sie anlegen, damit du über die ganze Fläche kommst?
5.) Wie viele Hefte kannst du auf dem Tisch auslegen, bis er lückenlos bedeckt ist?
6.) Früher hieß ein Bauernhof «groß», wenn er um oder über 10 Hektar Ackerfläche hatte. Wie viele Morgen Land sind das? Warum brauchte man früher auf einem großen Hof so viel Gesinde (Mägde und Knechte)?
7.) Euer Weizenacker ist 5 ar groß. Wievielmal größer ist ein echter Acker mit einem ganzen Morgen? Ihr habt 3 Stunden zum Pflügen gebraucht. Wie lange müsstet ihr arbeiten, um einen Morgen zu pflügen?

Für Englischlehrer

Im Englischunterricht kann hier knapp oder später ausführlicher auch auf die verschiedenen, in den USA noch üblichen Flächen- und Hohlmaße hingewiesen werden. Wie wäre es, mit den Kindern nach einem amerikanischen Rezept Brownies oder Ähnliches zu backen?

Area und *volume* sind die englischen Bezeichnungen für Fläche und Volumen. Bei den Flächenmaßen werden in den meisten Fällen die Längenmaße als Quadrat verwendet – also square inch, square foot und so weiter. Hilfreich ist es aber zum Beispiel, eine Größenvorstellung vom *acre* zu haben, das eine Fläche von gut 4.000 m^2 besitzt und vielfach bei Acker- oder überhaupt bei Grundstücksgrößen verwendet wird.

Flächenmaße in den USA[49]

Einheit	Abkürzung	Entspricht
Square inch	in^2	= 6,4516 cm^2
Square foot	ft^2	= 0,0929 m^2
Square yard	yd^2	= 0.836 m^2
Square mile	mi^2	= 2,59 km^2
Hektar	ha	= 0,01 km^2/ 10000 m^2
Acres	acre	= 0,4047 ha/ 4047 m^2

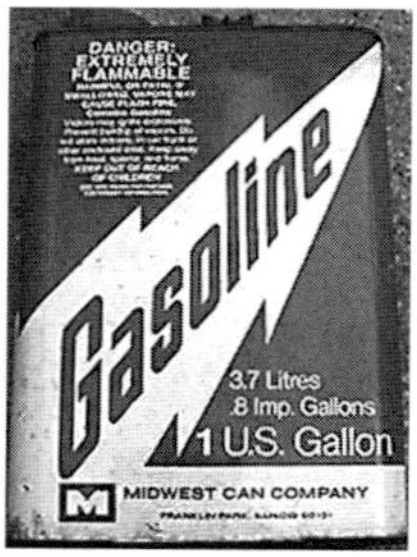

Abb. 23: Drei Maße für dieselbe Menge

Kompliziert wird es bei den Raummaßen. Für die *Gallone* findet sich bei Wikipedia.org:

«The gallon (abbreviation ‹gal›) is a measure of liquid capacity in both the US customary units and the British imperial systems of measurement. Three significantly different sizes are in current use: the imperial gallon (≈ 4.546 L) which is used in the United Kingdom, Canada, and some Caribbean countries; the US gallon (≈ 3.79 L), which is used in the US and some Latin American and Caribbean countries; and the least-used US dry gallon (≈ 4.40 L).»

Man muss also das imperiale Maß einer Gallone in einer Reihe von Staaten aus dem Commonwealth und dann noch die beiden Gallonen für flüssige (Benzin) oder trockene (Getreide) Stoffe unterscheiden. Man spricht von US dry- und US wet-Maßen.

Ein anschauliches Beispiel gibt Abbildung 23, die für die USA, Kanada (Imp. Gal.) und zum Beispiel Europa unterschiedliche Maßeinheiten angibt.[50]

Neben den Kubikgrößen von inch, foot, yard und so weiter werden für *Flüssigkeiten* unter anderem verwendet:

pint	Pint	pt.	½ quarts	473 ml
quart	Quart	qt.	¼ gallon	946 ml
gallon	Gallone	gal.	231 cubic inches	3,79 l
Barrel	Fass	bl.	31,5 gallons	1,19 hl
petroleum barrel	Erdölbarrel	bl.	42 gallons	1,59 hl

An Tankstellen (*gas or petrol station*) wird der Preis von Treibstoff als *$ pro* (wet) *gallon,* der Preis von Erdöl als *$ pro (petroleum) barrel* angegeben.

Bei *trockenen Gütern* werden verwendet:

pint	Pint	pt.	1/8 gallon	551 ml
gallon	Gallone	gal.	231 cubic inches	4,40 l
peck		pk.	2 gallons	8,81 l
bushel		bsh. bu.	4 pecks	35,2 l
quarter		qr.	8 bushels	282 hl

Geschwindigkeit

Auf die Frage «Was kann man außer den Größen, die wir schon gemessen haben, noch messen?» werden die Kinder eine ganze Reihe von nicht behandelten Größen nennen – wie die Temperatur, vielleicht sogar den Luftdruck oder die Luftfeuchtigkeit, aber auch die Geschwindigkeit. Ausführlich wird das Messen ab der sechsten Klasse im Physikunterricht behandelt. Will man nicht nur auf die höheren Klassen verweisen, so kann man wenigstens kurz besprechen, was es heißt, dass ein Auto 50 km/h fährt. Im Unterricht detailliert und mit Übungen darauf einzugehen erscheint mir an dieser Stelle noch nicht notwendig.

Falls ein Kind auf *Knoten* als Geschwindigkeitsangabe in der Schifffahrt hinweisen sollte, könnte man als Lehrer von der Herkunft dieses Maßes aus der Zeit der Hochseesegler berichten. Man benutzte früher zur Geschwindigkeitsmessung auf dem freien Meer ein an einer Ecke mit Blei beschwertes Brett, das *Logscheit,* welches man an einer Schnur vom Schiff ins Wasser warf. Dieses schwamm, durch das Blei in die Aufrechte gebracht, fast an der Stelle, wenn die Schnur durch die Hände lief. Die Schnur hatte in regelmäßigen Abständen Knoten, die man mitzählte. Die Zeitdauer dazu richtete sich nach dem darauf abgestimmten *Log-Glas*, einer Sanduhr. Logglas und Knotenabstand waren so geeicht, dass bei nur einem Knotenabstand pro Sanduhrzeit das Schiff in einer vollen Stunde genau eine Seemeile[51] zurücklegen würde. Bei schnellerer Fahrt erhielt man eine entsprechend größere Anzahl von Knoten, die in der gleichen Sanduhr-Zeit durchgelaufen waren. Diese Knotenzahl war das Maß für die Schnelligkeit des Schiffes. In Kilometern pro Stunde ausgedrückt ist die Geschwindigkeit von einem Knoten 1kn = 1 Seemeile pro Stunde = 1,852 km/h.

Übungen zur Geschwindigkeit

Mit den Kindern kann man besprechen, was die in Wohngebieten übliche Geschwindigkeitsangabe 30 km/h bedeutet: Mit dieser Geschwindigkeit würde man 30 km in einer Stunde zurücklegen. Das ist deutlich schneller, als ein Drittklässler mit dem Rad fahren kann. Mit einfachen Übungen kann man ein Gefühl für Geschwindigkeitsverhältnisse entwickeln.

Übung: Eine Strecke von etwa 6 m wird im Klassenraum oder im Freien abgesteckt. Zwei Kinder dürfen sich nebeneinander aufstellen, und sie werden gebeten, gemeinsam die Strecke mit 12 gleich großen Schritten abzuschreiten. Erst wenn sich Geschwindigkeit und Schrittlänge eingespielt haben, folgt die eigentliche Aufgabe: Ein Kind schreitet wie bisher, das andere soll genau *halb so schnell* gehen, also erst die Mitte erreicht haben, wenn der andere am Ziel ist. Dies kann nun mit einer Drittel-, einer Viertel- usw. Geschwindigkeit durchgeführt werden – ohne dass man schon zu sehr ins Bruchrechnen gehen muss. Dort werden wir allerdings auf diese Übung zurückkommen. Es ist fast unglaublich, wie langsam ein Zwölftel der gewöhnlichen Gehgeschwindigkeit ist! Das langsamere Kind muss dann *einen* langsamen Schritt machen, während das andere 12 Schritte macht.

Für Englischlehrer

Man kann die Kinder darauf hinweisen, dass in den USA Fahrgeschwindigkeiten von Autos nicht in km/h, sondern in miles/h angegeben werden. Wenn man in den USA Auto fährt, zeigt deshalb der Geschwindigkeitsanzeiger (Tachometer) kleinere Zahlen als bei uns an. Man täuscht sich auch leicht dort bei Entfernungsangaben auf den Straßenschildern, wenn man an km gewohnt ist. Umrechnungen, die zu schätzungsweisen Überschlagsrechnungen führen sollten, sind dann ab der vierten oder fünften Klasse möglich.

Gewichte

Oft spielt im Leben die *Zahl* von Dingen, die wir für etwas benötigen, eine wesentliche Rolle: die Zahl von Äpfeln für den Nachtisch einer Familie, die Zahl der Betten, die Zahl der Bretter für eine Wandverkleidung, die der Steine für eine Mauer und so fort. Auf das *Gewicht* der Dinge achten wir dann, wenn wir die Dinge in ein Verhältnis zu unseren *Kräften* setzen. Werden zum Beispiel Ziegelsteine für den Bau eines Geräteschuppens angeliefert, dann wollen die Kinder diese zum Bauplatz in den Schulgarten tragen. Wie viele Ziegelsteine kann jedes Kind auf einmal tragen? Beim Gewicht setzen wir uns also durch unsere leiblichen Willenskräfte mit der Welt auseinander.

Doch auch in der Außenwelt wirken die Dinge mit ihrem Gewicht gegenseitig aufeinander. Wenn Balken ein Dach zu tragen haben, spielt das Gewicht eine wichtige Rolle. So muss der Architekt außer dem Gewicht der Ziegel auch eine hohe Schneelast berücksichtigen. Das Gebälk muss dazu stark genug sein. Da es noch nicht an der Zeit ist, sich physikalisch mit den Gewichten auseinanderzusetzen, genügt es, eine Reihe von Grunderfahrungen am Gewichtserleben zu machen. Es handelt sich in der frühen Kindheit ja als Erstes um die Kräfte, die wir überwinden, wenn wir uns aufrichten. Für den einzelnen Menschen ist es durchaus charakteristisch, wie stark er sich mit diesen Schwerekräften verbinden kann, das heißt, wie stark er ist. Die Menschen sind hier sehr verschieden: Manche fühlen sich ganz leicht in ihrem Körper, andere spüren ihre eigene Schwere so sehr, dass jede Arbeit sie stark ermüdet und sie nur wenig für die Welt körperlich leisten können.

Außer am eigenen Leib gehen wir aber auch mit dem Gewicht der Dinge um, wenn wir etwas heben oder tragen. Hat man die Kinder auf die verschiedene Schwere einzelner Dinge aufmerksam gemacht, dann lassen sich zum Beispiel Übungen durchführen, bei denen ein gleiches Gewicht zu schätzen ist.

Eine einfache, notfalls aus einem Holz-Kleiderbügel selbst gebastelte Balkenwaage lässt Gewichte vergleichen. Wenn der Aufhängepunkt genau in der Mitte ist und die Einhängekerben gleich weit von der Mitte entfernt sind, dann pendelt sich der Balken bei links und rechts gleichen Gewichten waagerecht ein. So kann geprüft werden, ob die Kinder die Gleichheit von Gewichten gut oder schlecht geschätzt haben. Mit Gewichten werden Warenmengen leicht vergleichbar, sie eignen sich daher auch gut zur Preisangabe: Äpfel, Mehl, Zucker und so weiter werden nach Gewicht verkauft. Nur bei besonderen Früchten bezieht sich der Preis auf eine Stückzahl statt auf das Gewicht. So werden die Preise für Äpfel meistens nach dem Gewicht, für Kohlköpfe oder Avocado nach der Stückzahl ausgewiesen.

Die *Einheit* für das Gewicht, wie wir es im Alltag verwenden, ist ein Gramm.[52] Bei uns auf der Erde hat ein kleines Würfelchen Wasser mit 1 cm Kantenlänge bei 20°C das Gewicht von 1 Gramm. 1 Liter ist das Tausendfache, und weil Tausend auf Griechisch Kilo heißt, nennen wir das Gewicht eines Liters Wasser bei 20 °C *1 Kilogramm*. Ähnlich haben wir schon den Kilometer (= 1000 m) kennengelernt.

Es sei noch einmal daran erinnert, wie verschieden die unterschiedlichen Größen zur Stofflichkeit in Beziehung stehen. Während das Winkelmaß und das Zeitmaß fast ganz aus den kosmischen Beobachtungen zu gewinnen sind, benötigt das Längenmaß einen festen Gegenstand, dessen Länge uns als Einheit dient. In das Gewichtsmaß spielt das Längenmaß bzw. Hohlmaß (1 Kubikdezimeter = 1 Liter) hinein, aber es bedarf einer *konkreten Substanz,* hier des Wassers, mit der wir physische Verdichtung beschreiben. Wieder sind wir einen Schritt tiefer in die Stofflichkeit eingedrungen.

Wie die Waage uns das gleiche Gewicht verschiedener Körper anzeigt, so halten wir selber als aufrecht stehende oder gehende Menschen immer unser Gleichgewicht. Dazu haben wir einen eigenen Sinn, den Gleichgewichtssinn. Er hilft, unser Ichbewusstsein im Verhältnis zum (physischen) Leib im richtigen Verhältnis zu halten. Wird der Gleichgewichtssinn gestört, so werden wir orientierungslos, hilflos in der Auseinandersetzung mit der Erdenwelt. Schon die fehlende Wahrnehmung des Eigengewichtes durch den Auftrieb unter Wasser kann in Gefahrensituationen den Gleichgewichtssinn eines Tauchers erheblich irritieren und damit Panik auslösen.

Es ist ein Festtag im Leben des Kindes, wenn es zum ersten Mal *stehen* kann, wenn es also das ichhafte Verhältnis zum Leib gewonnen hat. So wie unsere ganze Existenz aktiv vom Geistig-Seelischen her gewonnen werden muss, so ist auch unser Gleichgewicht nie ein mechanisch Totes, sondern wie eine komplizierte Gliederkette, die von unten her balanciert werden soll. Weil wir dies im Schlaf vom Ich aus nicht tun können, legen wir uns zum Schlafen nieder.

Unterrichtspraktische Hinweise

Neben einfachen Übungen zum Gebrauch einer Waage kann vor allem das Schätzen von Gewichten geübt werden. Wegen des unterschiedlichen spezifischen Gewichts verschiedener Stoffe können gleich schwere Körper sehr unterschiedliches Volumen besitzen: 1 kg Federn wird im Allgemeinen sehr viel mehr Raum einnehmen als 1 kg feuchter Ton. Auf der Wippe am Spielplatz können mehrere Kinder auf einer Seite versuchen, ihr Gewicht mit dem des Lehrers auf der anderen Seite aufzuwiegen. Für das Tragen von schweren Lasten beschränkt man sich meist auf das Gewicht von einem Zentner[53] (= 50 kg).

Während der Ackerbau- und Handwerker-Epoche kann den Schülern ein entsprechender Getreidesack gezeigt und zum Kräftemessen freigegeben werden. Gibt es auf dem Bauernhof (oder in der Physiksammlung der Schule) eine klassische Brückenwaage (Dezimalwaage), können die Kinder nach entsprechender Anleitung ihre Kameraden wiegen. Das Ausbalancieren der Waage ist ein tief beeindruckendes Erlebnis im Gegensatz zur gewohnten digitalen Badezimmerwaage.

Der Bezug zum praktischen Leben wird außer durch die Schätzübungen durch Hinweis auf Gewichte hergestellt.

Die Tabelle gibt die Gewichte einiger Tiere wieder:

Blauwalkalb bei der Geburt	bis 2,5 t
Blauwal	100 – 200 t
Elefant bei der Geburt	etwa 100 kg
Ausgewachsener Elefant	2 – 5 t
Bulle	1000 – 1200 kg
Kuh	500 – 800 kg
Schaf	bis 200 kg
Maus	10 – 25 g
Kolibri	2 – 24 g

Übungen im Schätzen und Vergleichen

1.) Einem Kind wird bei verbundenen Augen ein Klumpen Ton in die Hand gegeben. Es soll ihn in zwei (drei, vier) gleich schwere Teile unterteilen.
2.) Stelle von zwei verschiedenen Substanzen (z.B. Ton und Mehl) gleich schwere Mengen her.
3.) An einem Arm hält ein Kind bei verbundenen Augen einen etwa halb mit Wasser gefüllten Eimer. Ein zweiter (gleicher, aber leerer) Eimer wird mit dem anderen Arm gehalten und in ihn langsam Wasser gegossen. Wann sind die Eimer gleich schwer?
4.) Fülle in zwei gleich schwere Schalen zwei unterschiedliche Substanzen – z. B. Mehl und Zucker –, bis du das Gefühl hast, sie seien gleich schwer. Prüfe mit einer Waage, wie gut du geschätzt hast.

Sachkunde: Hühnertränke und Spülkasten

Die Hühnertränke

Hühner, die den Tag im Freien verbringen (Freilandhaltung auf eingezäuntem Feld), brauchen außer dem nötigen Futter auch genügend Wasser. Bei Regen genügen ihnen Pfützen, bei sommerlichen Temperaturen und Trockenheit brauchen sie aber ziemlich viel Wasser, und die Tränken müssen immer wieder gefüllt werden. Doch gerade dann hat auf dem Hof niemand Zeit für sie, denn es ist die beste Zeit zur Heu- oder Getreideernte, bei der alle Hände gebraucht werden. Ähnlich wie bei Vogel- oder Kaninchenkäfigen könnte man Behälter aufstellen, aus denen das Wasser in die eigentliche Tränke nachfließt, jedenfalls solange der Vorrat reicht. Bei Hunderten von Hühnern ist es aber viel

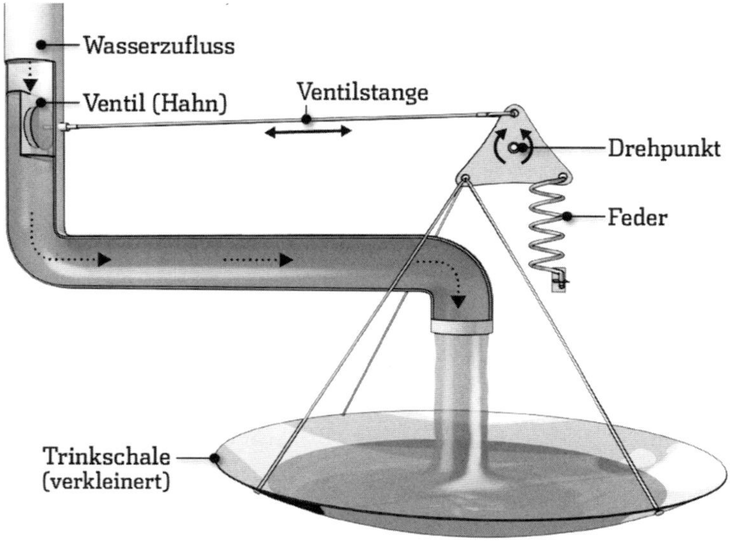

Abb. 24: Automatische Hühnertränke

praktischer, eine Wasserleitung zum Hühnerhof zu legen und dort den Wasserzufluss von den Hühnern selber regeln zu lassen – ein wunderbares Beispiel für eine technische Gestaltung aus menschlichen Gedanken; und die Gedanken unserer Mitmenschen gehören zum Interessantesten, was wir erfahren können. Das Interesse an den Gedanken der Mitmenschen ist eine der wichtigsten sozialen Fähigkeiten, die wir den Kindern vermitteln können.

Die von den Hühnern bediente Tränke fanden die Kinder unserer 3. Klasse auf einem biologisch-dynamisch bewirtschafteten Bauernhof im Alpenvorland. Wir Lehrer fanden Jungen wie Mädchen fasziniert um diese Tränke hocken. Natürlich kamen jetzt wegen der Kinder die Hühner nicht zum Trinken, aber die Kinder schütteten selbst immer wieder die Trinkschale leer und schauten zu, wie sie sich wieder füllte und dann von selbst der Wasserzufluss stoppte. Wie war das möglich?

Die Zeichnung 24 erklärt die wichtigsten Gedanken: Zunächst gibt es einen Wasseranschluss. Die Wasserzufuhr zur Trinkschale wird an- und abgestellt, indem das *Ventil*, ein bolzenartiger Zapfen, über eine Stange geschlossen oder geöffnet wird (in der Zeichnung links). Das ist sozusagen der Wasserhahn, der hier aber nicht wie sonst durch Drehen bedient wird, sondern durch die Stange, die herausgezogen oder hineingedrückt wird.

Die zweite Erfindung ist eine Art Waagebalken (in der Zeichnung rechts), an dem auf der einen Seite eine genügend starke Feder zieht, auf der anderen Seite die Trinkschale mit dem Gewicht des Wassers. Diese Waage ist in der Mitte drehbar von einer Achse getragen. Daran ist oben die Ventilstange in einem Loch beweglich gehalten. Dreht man das Waageteil im Uhrzeigersinn, wird die Stange herausgezogen. Dadurch öffnet sich das Ventil, und das Wasser kann fließen. Beim Drehen gegen den Uhrzeigersinn wird die Stange hineingeschoben, und der Wasserzufluss wird abgestellt.

Wie arbeitet nun die Tränke? Ist es heiß und die Hühner finden keine Pfützen, kommen sie zur Tränke. Wenn sie trinken, wird das Wasser in der Schale immer weniger und die Schale immer leichter, bis die Federkraft die Schale heben und damit den Wasserzufluss freigeben kann. So füllt sich die Schale, bis sie so schwer wird, dass die Federkraft nicht mehr ausreicht, sie zu heben. Dann wird der Wasserzufluss wieder gestoppt – und so geht es den lieben langen Sommertag.

Kaum entfernten sich die Kinder, kamen auch schon die Hühner, um ihren Durst zu löschen.

Der Spülkasten

In den meisten Wohnungen wird die Toilette über einen Spülkasten gespült. Manche sind sichtbar vor der Wand montiert, andere sind in der Wand für uns unsichtbar angebracht. Haben wir gespült, hören wir, wie Wasser nachläuft und den Spülkasten wieder füllt. Wie kommt es, dass er – solange er in Ordnung ist – rechtzeitig aufhört, wenn er voll ist?

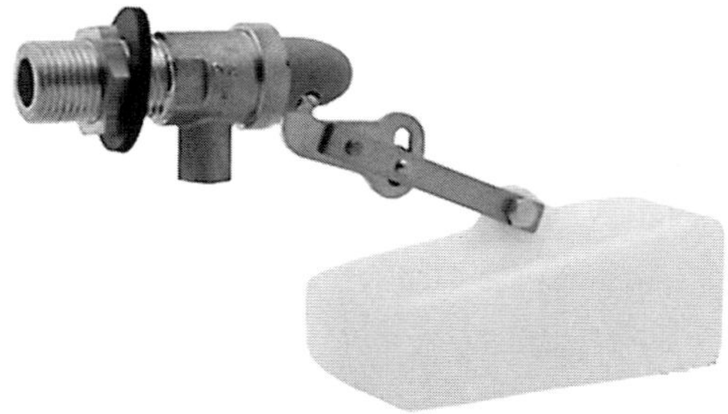

Abb. 25: Wassersteuerung mit Schwimmer

Das Prinzip ist ähnlich wie bei der Hühnertränke; nur wirkt statt der Schwere der Trinkschale die Leichte (der Auftrieb) des Schwimmers, um den Wasserzulauf rechtzeitig zu stoppen (Abbildung 25).

Der Übergang vom Konkreten zum Abstrakten

Das Fundament zu lebendigen Zahlbegriffen wird im Rechenunterricht der beiden ersten Klassen gelegt und durch das Sachrechnen in der 3. Klasse erweitert. Wenn wir im Folgenden auf die schriftlichen Rechenverfahren eingehen, haben wir es weniger mit besonderen Zahlqualitäten als vielmehr mit dem praktischen Umgang im täglichen Leben zu tun. Gerade der Umgang mit Geld gibt Gelegenheit, solche praktischen Verfahren zu entwickeln. Interessant erscheint mir, wie während eines Kurses in Torquay im Vereinigten Königreich (Großbritannien) Rudolf Steiner auf die Verwendung des Geldes hinweist. Auf die Frage eines Teilnehmers «In welchem Alter und wie soll man in der Rechnung vom Konkreten zum Abstrakten übergehen?» sagt er:

«Über diese Frage ist so zu denken: Man soll zunächst versuchen, alles im Rechnen im Konkreten zu halten, und vor allen Dingen ganz absehen von aller Abstraktion bis zu dem Lebenspunkt zwischen dem 9. und 10. Jahre. Bis dahin soll man womöglich versuchen, so weit im Konkreten zu bleiben, als es nur irgendwie möglich ist, also alles an das Leben unmittelbar anzuknüpfen.

Dann, wenn man das durch 2 bis 2 ½ Jahre getan hat und wirklich darauf gesehen hat, nicht mit abstrakten Zahlen zu rechnen, sondern mit konkreten Tatsachen, die in Rechenform gebracht werden, dann wird man sehen, dass gerade beim Rechnen der Übergang ins Abstrakte außerordentlich leicht ist. Er ist leicht aus dem Grunde, weil man in dem Kinde durch eine solche Behandlungsweise der Zahl solches Leben in den Zahlen hervorgebracht hat, dass man dann leicht zu der abstrakten Behandlung von Addition, Subtraktion und so weiter übergehen kann.

Es wird sich also darum handeln, dass man den Übergang vom Konkreten zum Abstrakten möglichst verschiebt bis zu dem Lebenspunkt, den ich da zwischen dem 9. und 10. Lebensjahre angegeben habe.

Eine große Hilfe für den Übergang vom Konkreten ins Abstrakte beim Rechnen ist das Rechnen da, wo man es ja am meisten im Leben braucht, beim Zahlen, beim Geldausgeben; und da sind Sie hier in einer günstigeren Lage als wir drüben auf dem Kontinent, denn wir drüben auf dem Kontinent haben in Bezug auf alles das Dezimalsystem. Sie haben hier mit Ihrem Gelde noch ein sympathischeres System als das Dezimalsystem. Ich weiß nicht, ob Sie es als sympathischer empfinden; aber wenn Sie es nicht als sympathischer empfänden als das Dezimalsystem, so wäre das krankhaft. Gesund ist lediglich dies, ein möglichst konkretes Zahlensystem im Gelde zu haben. Sie zählen hier noch nach dem 12er- und 20er-System, was wir, wie man sagt, schon überwunden haben auf dem Kontinent. Das Dezimalsystem werden Sie ja wohl beim Messen auch schon haben?» [Ein Teilnehmer sagt, dass man es im allgemeinen Leben nicht habe, nur im Wissenschaftlichen.]

«Also auch da haben Sie noch das sympathischere Messsystem!

Das sind Dinge, die alles eigentlich im Konkreteren erhalten. Nur im Zahlenschreiben haben Sie auch das Dezimalsystem.

Worauf beruht dieses Dezimalsystem? Es beruht darauf, dass man es ursprünglich eigentlich naturgemäß hat. Ich habe Ihnen gesagt, nicht der Kopf bildet die Zahl, sondern der ganze Körper bildet die Zahl. Der Kopf spiegelt nur die Zahl ab, und es ist natürlich, dass man 10 oder höchstens 20 als Zahl wirklich hat. Nun hat man zunächst die Zahl 10, weil man 10 Finger hat. Wir schreiben ja überhaupt nur von 1 bis 10, dann beginnen wir wieder die Zahlen wie ein konkretes Ding zu behandeln.

Schreiben wir zum Beispiel einmal: 2 Esel. Da ist der Esel ein konkretes Ding und 2 ist die Zahl. Ich könnte ebensogut 2 Hunde sagen. Aber wenn Sie 20 schreiben, so ist das auch nichts anderes als 2 mal 10. Da ist 10 behandelt wie ein konkretes Ding. Und so beruht unser Zahlensystem darauf, dass wir von da an, wo uns die Geschichte schwummelig wird, wo wir die Sache nicht mehr überschauen, anfangen, die Zahl selber als etwas Konkretes zu behandeln, und sie dann wieder abstrahieren. Wir würden gar nicht vorwärtskommen im Rechnen, wenn wir nicht die Zahl selber, gleichgültig, was sie ist, als ein konkretes Ding behandeln würden und wieder abstrahieren würden. 100 ist ja nur 10mal 10. Ob ich nun 10mal 10 habe und als 100 behandle oder ob ich 10mal 10 Hunde habe, es ist eigentlich dasselbe, einmal die Hunde, das andre Mal die 100 als konkretes Ding. So ist gerade das Geheimnis des Rechnens, dass man die Zahl selber wiederum als etwas Konkretes behandelt. Und wenn Sie dies bedenken, so werden Sie finden, dass da ja auch im Leben ein Übergang stattfindet. Man spricht von 2 Zwölfen, 2 Dutzend, gerade so wie man von 2 Zehnern spricht. Nur hat man für die Zehn nicht eine solche Benennung, weil das Dezimalsystem schon unter den Auspizien der Abstraktheit gefasst worden ist. Alle anderen Systeme, die fassen noch in viel konkreterer Weise eine Quantität auf, ein Dutzend, einen Schilling. Wie viel ist ein Schilling? Ein Schilling ist 12 Pence hier.

Ein Schilling ist aber unter Umständen eine Quantität von 30

Stück, und das fasst man als eine Einheit auf. Sehen Sie, in dem Dorf, wo ich lange Zeit gelebt habe, da war es so, dass längs der Dorfstraße auf beiden Seiten Häuser waren. Überall waren Nussbäume davor. Und wenn der Herbst gekommen ist, haben die Buben die Nüsse herabgeworfen und sie für den Winter aufbewahrt. Und wenn sie dann in die Schule kamen, dann renommierten sie. Der eine sagte: ‹Ich habe schon 5 Schilling›, der andere sagte: ‹Ich habe schon 10 Schilling Nüsse.› Sie betrachteten die konkreten Dinge. Ein Schilling, das waren immer 30 Stück. Die Bauern, die mussten nur sehen, dass sie noch ihre Nüsse einernteten, bevor die gesamten Bäume von Nüssen befreit waren. Ein Nuss-Schilling, so sagte man auch, also eine Einheit. Diese sich zu erkaufen, war ein Recht, es geschah unter aller Augen.

Und so kann man gerade, indem man dieses Zählen benützt mit Konkretem, 1 Dutzend, 2 Dutzend, 1 Paar, 2 Paar und so weiter, den Übergang vom Konkreten ins Abstrakte finden. Man sagt ja auch nicht 4 Handschuhe, sondern 2 Paar Handschuhe, nicht 4 Schuhe, sondern 2 Paar Schuhe. Indem man das benützt, kann man den Übergang vom Konkreten ins Abstrakte machen und auf diese Weise alles langsam vorbereiten. Und man geht dann eigentlich erst zu der abstrakten Zahl über zwischen dem 9. und 10. Lebensjahre.»[54]

Das Konkrete sieht Rudolf Steiner also auch in der Bündelung der Zahlen zu Schilling, Dutzend, Zehnern, Paaren und so weiter. Übungen in dieser Richtung können sehr gut in der unten beschriebenen Weise durchgeführt werden.

Geld

Vorbemerkung: Das intensive Arbeiten mit Geld mag manchen erstaunen. Wird dadurch nicht zu sehr der so leicht mit Geld verbundene Egoismus geweckt? Soll man überhaupt die Kinder schon an solche lebenspraktischen Dinge heranführen? Diese und andere Fragen mögen manchem durch den Kopf gehen. Aufgabe der 3. Klasse ist es aber gerade, die Kinder zu *erden*, wie es ja in den lebenspraktischen Epochen getan wird. Alles Illusionäre in diesen Epochen – bis hin zu irrealen Fantasiebauten – bewirkt das Gegenteil von dem pädagogisch Gewollten.

In der 3. Klasse kann das Geld noch naiv aus seinem täglichen Gebrauch besprochen werden.[55] Durch das Besprechen von Preisen kann zuerst ein Gefühl dafür hergestellt werden, wie viel einzelne Dinge kosten. Was kostet ein Brot? Was kostet 1 Liter Milch? Was kostet ein Paar Schuhe? Was kostet ein Ziegelstein? Was kosten ein Fahrrad, ein Auto, ein Haus?

Vielleicht kann von den Kindern sogar da schon geschätzt werden, welcher Preis für eine Sache angemessen wäre. Wann ist etwas zu teuer oder auch zu billig? Kann etwas zu billig sein? Was geschieht, wenn etwas zu teuer ist? Wovon hängt es ab, wie viel etwas kosten darf?[56]

Man wird sehr verschiedene Fähigkeiten der Kinder feststellen, das Geld in Beziehung zur Realität zu setzen. Gerade unter sozial schwierigen Verhältnissen findet man aber oft Menschen, die keinerlei Beziehung zwischen einer Geldmenge und einer Sache herstellen können. Verbunden mit einer allgemeinen Schwäche, Zahlenverhältnisse zu erfassen, bleibt die Unfähigkeit, ein *Preisgefühl* zu entwickeln. Sind 10 € viel für einen Laib Brot oder nicht? Manche Kinder oder sogar Erwachsene sind für solche Verhältnisse wie blind. Das Schätzen von Preisen wird dagegen nicht unmittelbar helfen. Schwächen sollten aber vom Lehrer sorgfältig beobachtet und, wenn möglich, Fördermaßnahmen eingeleitet werden. Selbstverständlich kann die hier besprochene Problematik nur aus einfachen Fällen des täglichen Umgangs abgeleitet werden, nicht von Haus- oder Autopreisen.

Mit dem Geld wird an die Übungen der einfachen Dezimalzahlen mit zwei Kommastellen angeschlossen, wie wir sie beim Längenmaß behandelt haben. In der 4. Klasse kann man dann gut darauf aufbauen. Hier ist noch nicht allgemein auf die Dezimalbrüche einzugehen. Es genügt, davon zu sprechen, dass links vom Komma die Zahl der Euros, rechts vom Komma die Zahl der Cent angegeben ist.

Wir hatten oben schon auf die Vielfalt alter Maße und Maßsysteme hingewiesen. Eine ähnliche Vielfalt gab es beim Geld, wo unterschiedliche Münzsysteme nebeneinander verwendet wurden. Deren jeweiliger Wert richtete sich im Verhältnis zu einem anderen Geldsystem nach dem Gold-, Silber- oder Kupfergehalt. Vor allem an den großen Handelsplätzen wie Lübeck, Augsburg, Venedig u.a. entwickelten Kaufleute oder Wechsler eine hohe Geschicklichkeit im Umrechnen der verschiedenen Münzsysteme. Goldstücke konnten von ihnen durch ein leichtes Hineinbeißen auf ihren Goldgehalt geprüft werden, weil das Gold weicher wird, je reiner es ist. Ein weiteres Kriterium für die Echtheit bot der Klang der Münze, wenn sie auf einen Tisch oder eine Bank aus massivem Stein wie Granit oder Marmor fiel. Aus dieser Wechselbank (italienisch *banca*) entwickelte sich die *Bank* als Geldinstitut.

Unterrichtspraktische Hinweise

Das Geld kann im Rechenunterricht in dreifacher Weise verwendet werden:

- als gültiges Geld mit Münzen und Scheinen
- als wertloses Abbild des gültigen Geldes durch Kopien oder Durchzeichnungen
- als reines dezimales Rechengeld, das im Wesentlichen der Behandlung der schriftlichen Rechenverfahren dient.

Schön ist es, wenn die Kinder – nach einer Vorbesprechung im Elternabend – für den Anfang wirkliches Geld als Münzen und Scheine mitbringen. Natürlich ist es nötig, dass die Eltern einen Leihschein ausstellen, auf dem der genaue Betrag und die Art seiner Aufteilung in Münzen und Scheine eingetragen sind. Bevor mit dem Betrag gemeinsam und in Gruppen gerechnet werden kann, ist die Übereinstimmung von Leihschein und Betrag – z.B. durch eine Gruppe von Schülern – zu kontrollieren. Bei der Rückgabe ist dann wieder eine Kontrolle notwendig.

Ist es nicht interessant, wie gerade beim Umgang mit Geld Kontrollen notwendig erscheinen? Bei der Besprechung von anderen Größen erscheint dies weit weniger notwendig. Auch wenn bald selbst hergestelltes Rechengeld zur Schulung der rechnerischen Fähigkeiten verwendet wird, wirft die Verwendung von «echtem» Geld eine Frage auf: Warum ist die Größe «Geld» anders zu behandeln als die anderen Größen wie Länge, Fläche usw.?

Würde man innerhalb der Klasse mit selbst geschaffenem Geld einen kleinen Handel oder den Austausch von gegenseitigen Leistungen schaffen, dann wäre manches soziale Verstehen schon veranlagt: Wie kann man einen angemessenen Preis für eine Leistung oder eine Sache finden? Was geschieht, wenn man Menschen zu wenig für ihre Erzeugnisse bezahlt? Der Lehrer muss entscheiden, ob in seiner Klasse schon ein solches Gespräch möglich ist. Es könnte zum Beispiel auch gelernt werden, dass Geld nicht eine von der Welt vorgegebene Sache, sondern *Menschenwerk* ist, dass es auf Vereinbarungen und Vertrauen untereinander beruht, und manches andere mehr.

Übungen zum Geld

1.) Steht in der Klasse am ersten Tag genügend viel reales Geld zur Verfügung, wird man mit dem *Zählen von Geld* beginnen. Dabei wird besprochen, wie man zuerst in geeigneter Weise Cent-Münzen schrittweise zu vollen Euros zusammenlegt, aus Euros 10-Euro-Beträge oder auch größere Beträge zusammenstellt und dann erst zusammenzählt. Der Lehrer kann durch Addition der Summen auf den Leihscheinen das Ergebnis kontrollieren. Dabei werden verwendet: zehn 1-Cent-Münzen = fünf 2-Cent-Münzen = zwei 5-Cent-Münzen = eine 10-Cent-Münze. Hat man viele Münzen, baut man am besten kleine Türme aus gleichartigen Münzen.

2.) Die Kinder können sich mit dem *Durchreiben* von Münzen Rechengeld schaffen, also 1-Cent-, 2-Cent-, 5-Cent-Münzen usw., auf denen deutlich die Zahl zu sehen ist. Durch Kopien können sie vervielfältigt werden. Man kann natürlich auch direkt Münzen kopieren und Bögen zum Ausschneiden zur Verfügung stellen. Das Durchreiben ist aber sehr beliebt. Mit dem Rechengeld können dann Käufe und Verkäufe entweder wirklich getätigt oder simuliert werden. Papiergeld lässt sich auch leicht durch Kopien schaffen.

3.) Von besonderer Bedeutung für die späteren schriftlichen Rechenverfahren ist dann das *Bündeln* von Münzen wie in Aufgabe 1. Steht für alle eine gemeinsame *Wechselstube* zur Verfügung, können schrittweise die gebündelten Münzen in höhere Münzwerte getauscht werden. Daraus entstehen Aufgaben wie die folgende:
In einer Kasse haben sich am Abend 34 1-Cent-Münzen, 37 2-Cent-Münzen, 17 5-Cent-Münzen, 61 10-Cent-Münzen, 25 20-Cent-Münzen, 19 50-Cent-Münzen, 41 1-Euro-Münzen, 27 2-Euro-Münzen, 23 5-Euro-Scheine, 31 10-Euro-Scheine, 27 20-Euro-Scheine und 9 50-Euro-Scheine angesammelt. Wer kann diesen Betrag in die geringste Zahl von Scheinen und Münzen umtauschen?

4.) Die eigentlichen Rechenübungen bestehen dann im Zählen von Beträgen, im geschickten Bezahlen und im Herausgeben des Wechselgeldes.

Für Englischlehrer

Es könnte für die Kinder ab der 3. Klasse anregend sein, das alte englische Münzsystem kennen zu lernen mit seinen *nicht-dezimalen* Untergliederungen. Schön wäre es, ein Spiel aufzuführen, in dem einige der alten Münzen eine Rolle spielen. Mir ist bis heute ein solches Spiel aus der Waldorfschule Hannover erinnerlich.

Bilder der alten Münzen findet man heute leicht im Internet. Natürlich hat die britische Währung in ihrer über tausendjährigen Geschichte viele Wandlungen durchgemacht.[57] Seit dem 19. Jahrhundert wurde der Sovereign zum Ausgangswert der Währung. Er war unterteilt in 1 Sovereign = 4 Crown = 8 Half Crown = 10 Florin = 20 Schilling = 60 Groat = 240 Penny = 960 Farthing = 1 **Pfund Sterling**.

Genauere Angaben über die Münzen, die vor 1971 verwendet wurden, enthält die folgende Tabelle:

Bezeichnung	andere Bezeichnungen	Kurzschreibung	Wert damals	Wert heute in Pence (1/100 Pfund)	Besonderheiten
Farthing	«four-thing»	1/4 d	4 Farthings = 1 Penny 48 Farthings = 1 Shilling / 960 Farthings = 1 Pfund	0,10 p	abgeschafft Januar 1961
Half Penny	«ha' penny»	1/2 d	1 Half Penny = 2 Farthings / 2 Half Pennies = 1 Penny	0,21 p	
Penny		1 d	12 Pennies = 1 Shilling 240 Pennies = 1 Pfund	0,42 p	
Three Pence	«thrup-penny»	3 d	4 Three Pence = 1 Shilling	1,25 p	einzige nicht runde Münze: 12 Ecken / mehrere Varianten

Six Pence	«tanner»	6 d	2 Six Pence = 1 Shilling	2,5 p	
Shilling	«bob»	1/-	12 Pence = 1 Shilling / 20 Shil-lings = 1 Pfund	5 p	
Florin = Two Shillings	«double-bob»	2/-	1 Florin = Two Shillings	10 p	1849 eingeführt als erster Ansatz für Dezimal-system (10 Florins = 1 Pfund)
Half Crown	manchmal «Half a dollar»	2/6	30 Pence = Half Crown / 8 Half Crowns = 1 Pfund	12,5 p	
Crown		5/-	4 Crowns = 1 Pfund	25 p	auch heute noch als Sonderwert ausgegeben

Aktuelle Münzen in Großbritannien

Abb. 26: 1 Sovereign

Die aktuellen Pfund-Münzen zeigen auf der Vorderseite das Porträt der britischen Königin Elisabeth II. Ihrem Alter entsprechend wurden die Kopfbilder jeweils in den Jahren 1952, 1968, 1985 und 1998 geändert. Die vollständige Bezeichnung lautet: ELIZABETH D.G. REG. F. D., wobei die Abkürzungen D. G. für Dei Gratia = von Gottes Gnaden, REG für Regina = Kö-

Abb. 27: Heute verwendete Münzen (2014)

nigin und F. D. für Fidei Defensor = Verteidiger des Glaubens (anglikanisch) stehen. Fidei Defensor steht für das englische Defender of the Faith. Die Münzen zeigten bis zum Jahr 2008 auf der Rückseite die Embleme Großbritanniens. Im Rahmen eines öffentlichen Designer-Wettbewerbes zur Gestaltung der neuen britischen Münzen setzte sich der Entwurf von Metthew Dent gegen die Konkurrenz durch. Das Münzgeld mit seinem Design wurde im Jahr 2008 eingeführt. Auf allen Münzen sind Auszüge des königlichen Wappenschildes (englisch: Royal Shield of Arms) abgebildet. Nur die 1-Pfund-Münze zeigt den Wappenschild komplett.

Bei dem Rechnen mit dem alten britischen Geld reicht es vielleicht, sich auf den Umgang mit Pennies, Schillingen und Pfund zu beschränken. Dabei gilt:

20 Schilling (20 s) = 240 Penny (240 d) = 1 Pfund Sterling (1 £)
oder anders ausgedrückt:
1 £ = 20 s; 1 Schilling (1 s) = 12 Pennies (12 d).
Wie kann man damit nun rechnen?
Nehmen wir an, es sind 2 £, 14 s und 18 d gegeben. Dazu seien 1 £, 11 s und 32 d zu addieren.

In einer kleinen Tabelle, die schrittweise erweitert wird, kann man geordnet eintragen:

£	s	d
2	14	18
1	11	32

Dann wird jede Einheit für sich addiert. Das ergibt:

£	s	d
2	14	18
1	11	32
3	25	50

Nun rechnen wir um: 50 d = 4 s + 2 d. Die 4 s tragen wir in die Schilling-Spalte ein, die 2 d kommen ganz unten in die Penny-Spalte, wo das Ergebnis stehen wird. Dann addieren wir die 25 s + 4 s = 29 s. 29 s sind 1 £ + 9 s. Die 9 s kommen in die Ergebniszeile ganz unten, das 1 £ in die £-Spalte. Das Ergebnis ist **5 £ 9 s 2 d.**

£	s	d
2	14	18
1	11	32
3	25	50
1	4	
5	9	2

In ähnlicher Art kann man zahlreiche Übungen machen. Man wird erleben, wie vor allem begabte Kinder eine Freude an solchen Geschicklichkeiten haben. Der Sinn solcher Übungen ist, durch die vielen Möglichkeiten die Beweglichkeit des Denkens zu schulen – nicht die praktische Nützlichkeit.[58] Wird dies vor der Behandlung des schriftlichen Addierens im Mathematikunterricht gemacht, wäre es eine sehr gute Vorbereitung darauf, weil der Prozess des Wechselns bereits angelegt wird.

Andere Aufgaben wären:

1.) Du sollst 18 Schillinge und 3 Pennies bezahlen und gibst 1 £. Wie viel Geld erhältst du zurück? (Antwort: 1 s und 9 d)

2.) Du hast nur Schillinge und sollst an der Kasse 1 £ und 8 d bezahlen. Wie viele Schillinge gibst du und was wirst du zurückerhalten? (Antwort: Ich gebe 21 s und erhalte 4 d zurück.)

Ergänzende Bemerkungen zum Sachrechnen

Wir haben hier mit den Zeit- und Winkelmaßen begonnen, weil sie sozusagen vom Himmel auf die Erde heruntergeholt wurden und damit dem Weg der Inkarnation des Kindes folgen. Es kann aber natürlich auch mit dem Längenmaß begonnen werden, das sich im praktischen Tun (Ausschreiten einer Länge, Abmessen mit Füßen) unmittelbar handhaben lässt und damit dem Zugriff auf die Welt durch das Kind in der 3. Klasse folgt.

Das Winkelmaß braucht keinen materiellen Ur-Winkel. Die Einheit kann rein geometrisch immer wieder gefunden werden. Anders als bei der Längenmessung besitzt die gewöhnliche Winkelmessung dazu noch eine *periodische* Skala, bei der man nach 360 Gradschritten wieder zum Ausgangspunkt zurückkehrt.

Durch das Messen werden *Zahlen* bestimmt, die aber nicht selber zum gemessenen Gegenstand gehören, sondern als *Verhältniszahlen* durch den Messprozess gebildet werden und vom verwendeten Maß und dem Gegenstand abhängen.

Allem Messen von Raum und Zeit liegt ein *Bewegen* zugrunde. Nicht zuletzt sind deshalb vielfältige *Tätigkeiten* einzubeziehen.

In der Messung von Waren- oder Dienstleistungswerten durch Geld spiegeln sich soziale Prozesse, die nicht an festgelegte Maße (Grundpreise) gekoppelt sind.

Wie im Rechnen mit Längen können beim Geld schon Dezimalbrüche in einfachster Weise geübt werden.

Zahlen als Größen

Wie andere Größen können die Zahlen selber als Größen betrachtet werden: Man kann sie ihrer Größe nach vergleichen, unterteilen, mit ihnen Rechenoperationen durchführen und noch vieles andere mehr machen. Wie Bewegung, Raum, Zeit und andere Größen sind sie selber nicht als materielle Dinge gegeben. Zwei Brettlängen sehen wir als materiell gegeben an, zwei Zahlen sind es nicht. Zahlen sind also rein geistige Begriffe. Jede äußere Anschauung kann nur ein bildhafter Hinweis auf sie sein, den *Zahlbegriff* muss jeder Mensch für sich selbst erobern und in der inneren Anschauung selbst *bilden*. Sie sind *ideeller Natur*, d.h. nur durch das *Denken* zu erfassen.

Aber in der äußeren Welt erhalten alle gemessenen Größen erst durch die Zahlen (Maßzahlen) ihre genauere quantitative Bestimmung. Wie die Zahlen durch den Messprozess in der Beziehung zwischen gleichartigen Größen auftreten, wurde schon erwähnt: Beim Messen vergleichen wir Gleiches mit Gleichem. Das *Verhältnisbilden* führt zu Zahlen, den jeweiligen Maßzahlen, die natürlich immer vom verwendeten Maß abhängen. Sie haften also nicht als sinnliche Eigenschaften den Dingen an – wie ihr Gewicht, ihre Farbe oder Ähnliches –, sondern drücken eben eine *Beziehung* aus, die im *Denken* erkannt wird.

Tritt man mit diesen ideellen Größen an die materielle Erfahrungswelt heran, so zeigt sich, dass das Stoffliche gar nicht mittels Maßen im rein begrifflichen Sinn mit absoluter Genauigkeit bestimmt werden kann. Wenn wir zum Beispiel in der Mathematik eine Länge von 2 m nennen, so meinen wir damit zunächst exakt 2 m. Bei einer Brettlänge von 2 m müssen wir dagegen zugleich angeben, innerhalb welcher Grenzen die reale Länge liegen soll. Ein Brett dehnt sich oder schrumpft mit der Temperatur und der Feuchtigkeit. Dazu sind alle Messvorgänge noch eingeschränkt durch die Unzulänglichkeiten des benutzten Maßes wie des Messvorgangs selbst. In der äußeren Erfahrungswelt kann man nur sagen: Ich benötige ein auf 1 mm Genauigkeit zugeschnittenes 2 m langes Brett. In Handwerk und Industrie oder wo sonst es auf Genauigkeit ankommt, schreibt man daher auch 2 m ± 1 mm. Dann weiß der Produzent, welche Genauigkeit er einhalten muss. Im Autobau oder gar beim Uhrmacher muss es viel genauer als im Möbelbau oder beim Betonieren zugehen.

Im mathematischen Sinn genaue Maßzahlen sind also immer nur im Bereich des begrifflichen Denkens möglich. Von dort her aber können wir die stofflichen Größen mit der notwendigen Genauigkeit bestimmen.

Anders ist es, wenn wir nicht mit empirisch ermittelten Maßzahlen, sondern mit *Anzahlen* umgehen. 4 Äpfel sind *genau* 4 Äpfel – und nicht nur im Rahmen einer Messgenauigkeit. Interessant ist es nun, dass wir bei den Anzahlen größere Zahlen gerne mit kleineren Zahlen messen, die Zahlen also selbst wie messbare Größen behandeln. Schon erwähnt wurden zum Beispiel die Ausdrücke 1 *Paar* für *2* zusammengehörende Dinge und 1 *Dutzend* für *12*. Letztlich sind eben die Zehner, Hunderter, Tausender und so weiter solche zu einer Einheit zusammengefassten Vielheiten.

Früher wurden solche größeren Zahleinheiten mit Eigennamen viel häufiger als heute verwendet. Eier zum Beispiel kaufte man nach *Mandeln* (nicht zu verwechseln mit den Mandelkernen) – das waren jeweils 15 Eier; den Korb füllte man mit einem *Schock* – das waren jeweils 60 Eier (und nicht der Schreck, wenn sie herunterfielen!). Die Fischhändler legten ihre Räucherfische zu je 20 in *Stiegen* bereit, das sind flache Kistchen: 1 Stiege = 20 Stück. Es waren also 1 Schock = 3 Stiegen = 4 Mandeln = 5 Dutzend.[59] Die Zahl 60 lässt sich eben durch viele Zahlen gut teilen. Doch ebenso beliebt war das Gros (144 Stück oder 12 Dutzend) als Packungsgröße für Kleinteile, wie z.B. Reißzwecken oder Büroklammern.

Übungen zu alten Mengenangaben

1.) Eine Bäuerin geht mit 2 Schock Eiern zum Wochenmarkt. Wie viele Eier sind 2 Schock? Sie verkauft alle Eier nach Mandeln, und jede Mandel kostet 4,50 €. Wie viele Mandeln verkauft sie und wie viel nimmt sie insgesamt ein?
2.) Wie kann ein Gros auf möglichst viele verschiedene Arten durch Einer, Dutzend, Mandeln und Schock ausgedrückt werden? Beispiel: 1 Gros = 2 Schock + 1 Mandel + 4 Paare + 1.
3.) Wie 2. für 59, 72, 120 und 512.
4.) Wie viele sind
   a) 2 Mandeln + 1 Dutzend?
   b) 4 Stiegen + 2 Paare?
   c) 1 Schock + 1 Mandel + 1 Dutzend?
   d) Von einem Gros werden 2 Dutzend weggenommen. Wie viel verbleibt noch?
   e) Nimm von einem Gros einen Schock weg und füge dann eine Mandel dazu. Wie viel fehlt jetzt noch zu einem vollen Hunderter?

Handwerk und Kunst

Messen, Zählen und Wägen sind die Grundlagen unserer modernen Kultur. Das bedeutet zugleich, dass der Umgang mit Zahlen in hohem Maß wie selbstverständlich in unser Leben eingezogen ist. Offensichtlich ist dies für jeden im Finanz- und Rechnungswesen, der Produktion in der Wirtschaft, bei Mengenbestimmungen im Handel, bei der Verwendung von Telefon- oder Hausnummern. Aber in noch viel höherem Maße, und für die meisten Menschen in verborgener Weise, durchdringen sie unser Leben in der Verwendung digitaler Daten, wie in jedem Computer, beim Fernsehen, beim Handy und millionenfach mehr.

Diese Dominanz der Zahlen hat mit der Neuzeit und dem Heraufkommen der Technik allmählich begonnen und ihren Siegeszug noch nicht beendet. Das quantitative Beherrschen der Welt bedeutet aber nicht, dass uns dadurch alle *Qualitäten* erschlossen sind. Immer mehr scheint es darauf anzukommen, dass Qualitäten in der Kunst, im menschlichen Umgang, in der Gestaltung sozialer Zusammenhänge – man denke nur an die Arbeitsorganisation in einem modernen Krankenhaus und an die menschlichen Bedürfnisse der pflegenden wie der pflegebedürftigen Menschen – in den Mittelpunkt gestellt werden. Das kann nur bewusst gewollt geschehen.

Es ist als Lehrer nicht unsere Aufgabe, die Kinder von der nach Maß, Zahl und Gewicht bestimmten Welt fernzuhalten. Sie würden nicht zu gesunden Zeitgenossen heranwachsen können. Aber wir betrachten es als unsere Aufgabe, den weiten Bereich der Qualitäten in allen Künsten, in der Zuwendung zueinander, aber auch in der Gestaltung unserer Umwelt zu pflegen und die Erlebnisfähigkeit zu stärken.

Haus ist nicht gleich Haus. Wie kann ein Haus schön gestaltet werden und nicht nur praktisch oder sparsam? Welche Wirkung hat es für die auf einem Bauernhof zusammenarbeitenden Menschen und für die Besucher, wenn die ganze Hofanlage schön gestaltet und gepflegt ist? Dass schwere Schlepper die Wege befahren können müssen, die Zufahrt zum Kuhstall Transporte gestattet und was sonst notwendig ist, entspricht den praktischen Notwendigkeiten. Doch die Schönheit einer Hofanlage zeugt von dem Geist, der über dem Hof und in den Menschen waltet. Er ist nicht belanglose Zutat. Er stärkt und kräftigt die Menschen in ihrer schweren Arbeit, sie können sich damit verbinden.

Wenn wir also von der Acker- und Hausbau-Epoche im Zusammenhang mit den Gewerken sprechen, sollten nicht lächerliche illusionäre Spinnereien oder nur Technik vermittelt werden. Die reale Arbeit, von der wir alle leben, kann aber von der Kunst, der Schönheit der menschlichen Werke und der Gestaltung der Natur durchseelt werden – damit wir wirklich als *Menschen* leben können.

So kann es sehr berechtigt sein, wenn diese sehr dem Irdischen zugewandten Epochen in einem fröhlichen Spiel ausklingen. Auf der Webseite des Autors (www.ernstschuberth.de) ist ein Hausbauspiel von Elisabeth Wagner-Koch wiedergegeben, das sie für eine 3. Klasse geschrieben hat.

Halbschriftliches Rechnen

Das halbschriftliche Rechnen steht zwischen dem Kopfrechnen und den schriftlichen Rechenverfahren. Es wird noch nicht ein einheitliches Vorgehen gefordert. Vielmehr können die Kinder ihre eigenen Wege gehen. Wie schon beim Anfangsunterricht in der Mathematik gepflegt, ist die Möglichkeit unterschiedlicher Lösungen bzw. Lösungswege ein wünschenswerter Freiheitsimpuls.

Zunächst ist das halbschriftliche Rechnen eine Gedächtnisstütze, bei der vor allem Zwischenergebnisse festgehalten werden. Ist zum Beispiel die Aufgabe gestellt, 13 × 17 im Kopf zu berechnen, so wird manches Kind vielleicht rechnen: 10 × 17 = 170 und 3 × 17 = 51; 170 + 51 = 221. Auf dem Papier kann sich ein Kind die Zwischenergebnisse 170 und 51 notieren.

Natürlich soll dies nicht zwingend gefordert werden, denn ohne schriftliche Notizen wird die Kraft, auf dem inneren Vorstellungstableau willentlich geordnet zu handeln, kräftiger gestärkt als wenn dieses Tableau auf ein Papier physisch-sinnlich abgebildet wird. Bei größeren Zahlen oder längeren Rechnungen sind wir aber fast alle auf eine solche Veräußerlichung angewiesen.

Stellt man zum Beispiel die Additionsaufgabe 27 + 34 und lässt das Vorgehen schriftlich darstellen, sind unterschiedliche Lösungswege (hoffentlich) zu beobachten. Für den Lehrer wird es von großem Interesse sein, das Vorgehen der einzelnen Kinder nachzuvollziehen – auch wenn die Lösungen falsch sein sollten.

So wird ein Kind vielleicht rechnen: 27 + 34 = 27 + 33 + 1 = 60 + 1 = 61.

Ein anderes Kind könnte rechnen: 27 + 34 = 20 + 30 + 7 + 4 = 50 + 11 = 61.

Wieder bei einem anderen Kind findet man vielleicht: 27 + 34 = 30 + 31 = 61.

Wie gesagt lohnt es sich sehr, das Vorgehen der einzelnen Kinder genau zu durchdenken. Welchen Fehler hat zum Beispiel ein schwächeres Kind gemacht, wenn es rechnet:

27 + 34 = 30 + 4 = 34? (Vermutlich hat es gerechnet 27 + 3 = 30; 30 + 4 =34. Es hat also die feste Anbindung des Zehners an den Einer in 34 gedanklich nicht erfasst).

Wir belassen es bei diesem Beispiel und weisen auf zugängliche Literatur hin:[60]

Der Gebrauch von Klammern

Im Kopfrechnen und beim halbschriftlichen Rechnen besitzen die Kinder noch die größere Freiheit, eigene Lösungswege zu finden. Insbesondere bei sogenannten Kettenaufgaben, die schriftlich angegeben werden, kann man mit den Kindern üben, die Rechenoperationen durch Umordnen und Zusammenfassen geschickt auszuführen. Betrachten wir zunächst einige einfache Beispiele:

1. Ist zum Beispiel die Aufgabe gegeben, 1 + 2 + 3 + 4 + 5 + 6 + 7 + 8 + 9 zu berechnen, so kann man dies sehr einfach tun, indem man die Zahlen umordnet zu 1 + 9 + 2 + 8 + 3 + 4 + 6 + 7 + 5, denn aus dem Umgang mit den reinen Zahlen wissen wir, dass es beim Addieren nicht auf die Reihenfolge der Zahlen (Summanden)

ankommt.[61] Um genau zu beschreiben, in welcher Reihenfolge wir nun die Addition ausführen, verwendet man in der Mathematik *Klammern*. Klammern verbinden auch im Leben zunächst getrennte Dinge: Man klammert Blätter Papier zusammen, man befestigt mit Tackerklammern Bretter unter einer Decke oder es klammert sich auch ein Kind an seine Mutter, das nicht allein in den Kindergarten gehen will. In Büchern findet man manchmal auch Teile des Textes in Klammern. Dadurch soll etwas genauer bestimmt werden. Beim Rechnen fassen Klammern etwas zusammen, was zunächst getrennt für sich zu rechnen ist.[62] Die oben gestellte Aufgabe schreiben wir deshalb

$(1 + 9) + (2 + 8) + (3 + 7) + (4 + 6) + 5$

und rechnen nun zunächst jede Klammer für sich aus:

$10 + 10 + 10 + 10 + 5 = 45$.

Wir haben also so gerechnet, dass wir zuerst die Zahlen geschickt umgestellt und dann lauter Teiladditionen durchgeführt haben, die viermal zum gleichen Ergebnis, nämlich 10, führen. Wir können also $4 \times 10 + 5 = 45$ rechnen. Das ist doch viel einfacher, als einfach gedankenlos die gegebenen Zahlen aufzuaddieren.[63]

Was beim Addieren Vorteile bringt, kann auch beim Multiplizieren angewandt werden. Ist zum Beispiel die Aufgabe gegeben $2 \times 3 \times 4 \times 5$, kann man sich die Rechnung vereinfachen:

$2 \times 3 \times 4 \times 5 = (2 \times 3) \times (4 \times 5) = 6 \times 20 = 120$ oder auch: $2 \times 3 \times 4 \times 5 = (2 \times 5) \times (3 \times 4) = 10 \times 12 = 120$.

In beiden Fällen prüft man, in welcher Reihenfolge Multiplikationen vorteilhaft auszuführen sind.

Auf dieser Stufe genügt es zunächst, solche Rechenvorteile für die Addition und Multiplikation zu besprechen. Einerseits wird damit eine innere Beweglichkeit geschult, andererseits helfen die Klammern, Rechenschritte eindeutig darzustellen.

Das wird besonders interessant, wenn nun in einer Kettenaufgabe sowohl Additionen wie Multiplikation vorkommen. Solange wir nur mündlich rechnen, wird gewöhnlich die Reihenfolge der geforderten Operationen klar sein. Sagen wir beispielsweise: Ich beginne mit 3 addiere 4 und multipliziere mit 5, dann wird man gewöhnlich rechnen 3 + 4 = 7 und danach 7 × 5 = 35. Wird aber schriftlich die Aufgabe gestellt 3 + 4 × 5, dann ist nicht klar, ob man zuerst addieren und dann multiplizieren soll oder ob man vielleicht auch erst multiplizieren und dann addieren darf. Die Ergebnisse sind aber verschieden! Rechnen wir wie vorher (3 + 4) × 5 = 7 × 5 = 35, so erhalten wir ein anderes Ergebnis, als wenn wir 3 + (4 × 5) = 3 + 20 = 23 rechnen. Erst die Klammern, die wir soeben gebraucht haben, bestimmen eindeutig, ob zuerst addiert oder zuerst multipliziert wird. Grundsätzlich sind zunächst die Rechnungen innerhalb einer Klammer auszuführen.

Bisher haben wir die Klammern nur in Verbindung mit der Addition und Multiplikation verwendet. Sie können aber in gleicher Art auch für die Subtraktion und Division gebraucht werden. Grundsätzlich gilt auch dann: Die Rechnungen innerhalb einer Klammer sind vor den Rechnungen außerhalb der Klammer auszuführen.

Beispiele:

a) (35 – 5) + 20 = 50
b) (35 – 5) : 6 = 5
c) (35 : 5) – 7 = 0
d) (35 – 7) : 7 = 4

Kommt mehr als eine Klammer vor – wie wir es oben schon kennengelernt haben –, dann sind zuerst die einzelnen Klammern für sich zu berechnen.

Beispiele:

a) (10 – 9) + (9 – 8) + (8 – 7) + (7 – 6) – (5 – 4) – (4 – 3) – (3 – 2) – (2 – 1) = 1 + 1 + 1 + 1 – 1 – 1 – 1 – 1 = 4 – 4 = 0
b) (2 × 3) + (4 × 5) = 6 + 20 = 26
c) 12 – (12 – 3) – 3 = 12 – 9 – 3 = 0

Übungen zum geschickten Rechnen

1.) Addiere geschickt durch Zusammenfassen, ordne um und setze Klammern, damit man genau sehen kann, wie Du gerechnet hast:

a) $5 + 7 + 10 + 4 + 5 + 3 + 6$

b) $6 + 11 + 3 + 9 + 1 + 4 + 9 + 7$

c) $7 + 6 + 4 + 3 + 9 + 1$

d) $11 + 12 + 13 + 7 + 8 + 9$

e) $12 + 13 + 14 + 8 + 7 + 6$

f) $13 + 14 + 15 + 7 + 6 + 5$

g) $14 + 15 + 16 + 15$

h) $24 + 27 + 31 + 3 + 19$

Sicher werdet ihr verschiedene Lösungen finden. Vergleicht die verschiedenen Lösungswege miteinander. Welche sind besonders vorteilhaft?

2.) Multipliziere geschickt durch Zusammenfassen; zeige Umordnungen und Klammern an:

a) $6 \times 5 \times 2$

b) $15 \times 7 \times 2$

c) $3 \times 11 \times 3$

d) $7 \times 4 \times 3 \times 5$

e) $8 \times 2 \times 5 \times 7$

f) $6 \times 15 \times 4 \times 5$

g) $4 \times 13 \times 15$

h) $2 \times 3 \times 2 \times 3 \times 2$

Wieder werdet ihr verschiedene Lösungswege finden. Welcher erscheint euch als der eleganteste?

3.) Berechne und vergleiche die Lösungen:

a) $3 \times (4 + 5)$ und $(3 \times 4) + 5$

b) $4 \times (5 + 3)$ und $(4 \times 5) + 3$

c) $5 \times (3 + 4)$ und $(5 \times 3) + 4$

Hier kann man noch einmal gut beobachten, wie es darauf ankommt, welche Operationen zuerst und welche später ausgeführt werden.

4.) Berechne:

a) $3 \times (2 + 9) - 3$
b) $11 \times (13 + 2) - 65$
c) $11 \times (13 - 2) - 21$
d) $(11 \times 13) - (2 + 21 + 20)$
e) $(2 \times 3 \times 5) : (2 \times 3)$
f) $(2 \times 5 \times 7) : (2 \times 5)$
g) $(3 \times 5 \times 7) : (5 \times 7)$
h) $(120 : 3) - (120 : 4)$
i) $(120 : 4) - (120 : 5)$
j) $(120 : 5) - (120 : 6)$
k) $(120 : 6) - (120 : 8)$
l) $(120 : 8) - (120 : 10)$
m) $(120 : 10) - (120 : 12)$
n) Kannst du die Reihe der letzten Aufgaben fortsetzen?

Die schriftlichen Rechenverfahren

Wenn man von den sogenannten schriftlichen Rechenverfahren spricht, handelt es sich im Wesentlichen darum, die Addition, Subtraktion, Multiplikation und Division größerer Zahlen auf die entsprechenden Rechnungen mit geringerer Stellenzahl zurückzuführen. Dabei werden die einzelnen Rechenschritte wiederholt durchlaufen. Deshalb kann man von rhythmischen *Rechenverfahren* (*Algorithmen*) sprechen. Die hier behandelten Rechenverfahren stützen sich wesentlich auf unser *Stellenwertsystem*.

Wie schon gesagt wurde, führen wir hier die schriftlichen Rechenverfahren aller vier Grundrechenarten ein – auch wenn sie wohl kaum in einem 3. Schuljahr alle behandelt werden können oder sollen. Bis in die 5. oder sogar 6. Klasse hinein wird auf dieses Kapitel zurückzukommen sein, vor allem bei der Division, bei der alle vier Rechnungsarten zusammenspielen. Es sollen hier aber – wenigstens die Anfänge – aller schriftlichen Operationen beieinanderstehen. Betrachten wir also die verschiedenen schriftlichen Rechenoperationen im Einzelnen.

Das schriftliche Addieren

Vorbereitung

Wir bitten die Kinder, von zu Hause einige Kassenzettel mitzubringen. An ausgewählten Beispielen besprechen wir, was eigentlich auf einem Kassenzettel steht. Das kann sehr verschieden sein – von einer einfachen Auflistung von Zahlen bis zu einem recht komplizierten Schriftstück, auf dem Reklame oder sogar ein Vertragstext steht. Soweit das möglich ist, schauen wir verschiedene Arten von Kassenzetteln gemeinsam an und erläutern, was jeweils daraufsteht. Anschließend verteilen wir Kopien eines Kassenbelegs von einem bar bezahlten Einkauf täglicher Gebrauchsgüter. Der wird nun gemeinsam besprochen: Was steht auf ihm?

Zuoberst stehen der Name des Geschäfts, etwas Reklame, die Adresse und die Webseite. Dann kommen das Datum und einige mir unbekannte Angaben. Schließlich wird aufgelistet, was ich gekauft habe, und die zugehörigen Preise. Es folgen die Summe, was ich gegeben habe und wie viel das Rückgeld beträgt. Dann kommen Angaben zur enthaltenen Steuer, denn jeder, der etwas für sich kauft, muss durch die Steuer etwas für die Gemeinschaft (Straßenbau, Polizei und so weiter) abgeben. Man gibt sozusagen von jedem gekauften Brot einige Scheiben an andere Bedürfnisse ab. Dann folgen nochmals Werbung und anderes.

Der Beleg muss für die Kinder schließlich völlig überschaubar

Netto Marken-Discount
EINFACH BESSER
68163 Mannheim, Steubenstr. 44-46
WWW.NETTO-ONLINE.DE

3843	1	04.07.14

	EUR
Ehr.Speisequark 20% 250g	0,69 B
Minitorten 51% sort.150g	1,09 B
Ma.Kl.Gemuesebr. 1696 7L	1,65 B
Apfel BIO VKS	2,09 B
Radieschen QS	0,39 B
SUMME [5]	**5,91**
Bar EUR	10,00
Rückgeld EUR	-4,09

	MWSt	BRUTTO	NETTO
B 7,0%	0,39	5,91	5,52

Abb. 28: Kassenbeleg

sein. Vor allem aber machen wir sie darauf aufmerksam, dass die einzelnen Posten nicht nebeneinander, sondern *untereinander* stehen. Besprochen wird dabei auch, dass bei jedem Betrag ein Komma steht. Rechts vom Komma stehen die Cent, links die Euro. Es gibt ganz rechts die 1-Cent-Stelle, links daneben die 10-Cent-Stelle und links vom Komma dann die 1-Euro-Stelle, dann links die 10-Euro-Stelle, wie wir es vom Schreiben der Zahlen kennen. Das Komma war bei uns auch schon bei der Angabe von Längen und beim Rechnen mit Geld vorgekommen.

Nun können wir die Frage stellen: Wurde denn wirklich richtig addiert? Die Aufforderung zur Prüfung wird vielen Kinder Kopfzerbrechen bereiten. Manche werden vielleicht sogar sagen: Das kann gar nicht falsch sein, das hat ja ein Computer (oder die Kasse) gerechnet! Andere werden es mit einem Taschenrechner prüfen wollen, den sie entweder auf ihrem Handy haben oder von älteren Geschwistern kennen. Unser wichtigstes Argument sollte sein: Wir sollten möglichst verstehen, was die Kasse tut, und es im Prinzip auch tun können.

Für das Prüfen der Summe werden wir zunächst ausreichend Zeit für Diskussionen untereinander lassen. Eventuell erst am nächsten Tag lassen wir einige Kinder beschreiben, wie sie die Addition der Posten geprüft haben – falls sie es konnten.

Dann nehmen wir uns die Addition der beiden ersten Posten vor:

Wer kann 0,69 Euro und 1,09 Euro addieren? Die Antwort werden viele geben können: 1,78 Euro. Wollen wir das wie auf dem Kassenzettel untereinander schreiben, sieht es so aus: (Wird an die Tafel geschrieben.) Wir machen unter den letzten Posten – anders als auf dem Kassenzettel – einen Strich, damit wir wissen, wo die zusammengezählten Posten enden und wo die Summe kommt. Auf dem Kassenzettel steht die Summe auch, aber sie ist durch Fettdruck hervorgehoben. Dass Euros gemeint sind, wird nicht jedes Mal dazu geschrieben, sondern steht obendrüber.

0,69
1,09
1,78

Nehmen wir einen weiteren Posten hinzu, sieht es so aus:

0,69
1,09
1,65

Jetzt ist das Zusammenzählen schon etwas schwieriger. Manche Kinder werden es können, andere nicht. Für die meisten Kinder wird aber der handelnde Umgang mit Rechengeld eine wesentliche Hilfe sein. Am schönsten wäre es natürlich, jemand hätte eine Geldbox mit Sortiereinsatz und Wechselgeld darin. Aber auch das oben (Seite 93) vorgeschlagene durchgeriebene Rechengeld und die Kopien von Scheinen können helfen, die Addition zu vollziehen.

Zunächst wird eine *Wechselstube* (Sortierkästchen) gebildet, in der sortiert genügend viele Münzen und Scheine zur Verfügung

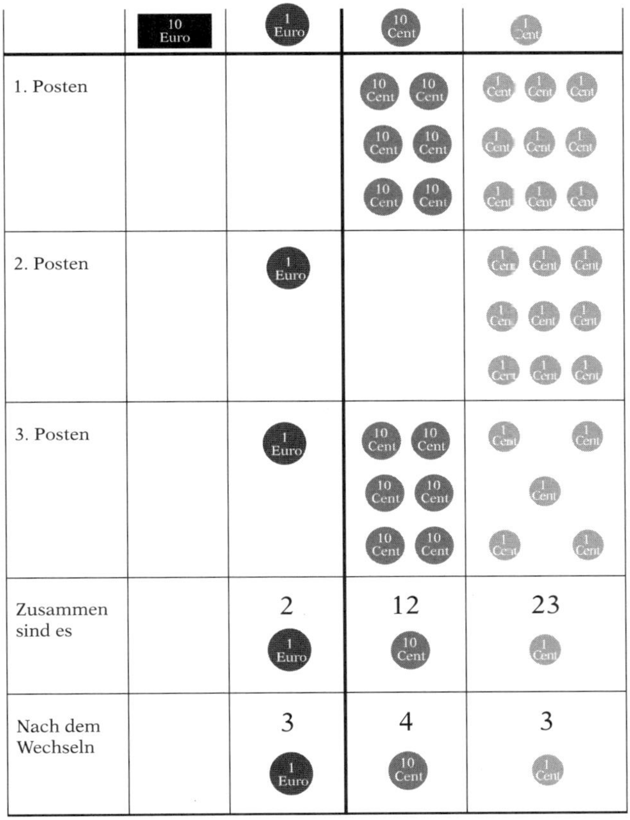

Abb. 29: Das Addieren mit Münzgeld

stehen. Die Einschübe von Streichholzschachteln können sortiert die einzelnen Münzen aufnehmen, größere Schachteln die kopierten Scheine. Anders als beim tatsächlichen Bezahlen und Herausgeben verwenden wir jetzt nur die *dezimalen* Geldeinheiten – also 1-Cent, 10-Cent, 1-Euro, 10-Euro.

Dann legen wir die drei Posten, wie sie auf dem Kassenzettel stehen – getrennt nach 1-Cent-Stücken, 10-Cent-Stücken und 1-Euro-Stücken – auf ein vorbereitetes Blatt mit der wiedergegebenen Teilung.

Was hier statisch abgebildet ist, meint einen realen Handlungsvollzug. In der vierten und fünften Zeile («Zusammen sind es» und «Nach dem Wechseln») geben die Ziffern die tatsächlich dort vorhandenen Münzen an. Wichtig ist vor allem der Wechselvorgang! Von den 23 1-Cent-Münzen können wir 20 in zwei 10-Cent-Münzen wechseln. Dann haben wir von den 10-Cent-Münzen insgesamt 12 + 2 = 14 Stück. 10 von ihnen können wir in eine 1-Euro-Münze wechseln, sodass wir insgesamt 3mal 1-Euro-Münzen, 4mal 10-Cent-Münzen und 3mal 1-Cent-Münzen haben.

Während auf unserem Rechenblatt die Anzahlen der Münzen wirklich liegen, schreiben wir an die Tafel – sorgfältig geordnet – alle Beträge nur in Ziffern, wie auf dem Kassenzettel. Dort wird also stehen:

0,69
1,09
1,65
3,43

Ist die Addition unter Verwendung des Rechengeldes so weit besprochen, kehren wir zum Kassenzettel zurück und schreiben nun alle Posten sorgfältig untereinander, sodass die Centbeträge und die Eurobeträge jeweils genau untereinander stehen. Die Kommas trennen Cent von Euros.

0,69
1,09
1,65
2,09
0,39

Mithilfe des Rechengeldes und den entsprechenden Überlegungen erhalten wir tatsächlich das angegebene Ergebnis. Es wurde richtig addiert. Um zu prüfen, ob das Rückgeld stimmt, addieren wir es einfach zur Summe. Wir müssen dann wieder 10 Euro erhalten.

In dieser Art werden nun zahlreiche Übungen mit dem Rechengeld und der schriftlichen Darstellung durchgeführt. Das Schreiben des *Übertrags* wird allerdings erst in einem nächsten Schritt besprochen.

Das Standardverfahren

Bisher sind wir beim Umgang mit Geld mit dem schriftlichen Addieren recht weit gekommen. Aus dieser praxisnahen Arbeit gehen wir zur rein rechnerischen Behandlung über. In mancher Hinsicht wird es einfacher, weil wir nur noch Rechenscheine aus Einern, Zehnern, … verwenden und uns um die Kommas zunächst nicht mehr zu kümmern brauchen. Ein neuer Einstieg kann in einfachen Übungen bestehen:

Übungen zum Addieren I

1.) Beschreibe mündlich, wie du diese Aufgaben rechnest:

- a) 11 + 12 = ?
- b) 12 + 13 = ?
- c) 13 + 14 = ?
- d) 14 + 15 = ?
- e) 15 + 16 = ?
- f) 16 + 17 = ?
- g) 17 + 18 = ?
- h) 18 + 19 = ?
- i) 19 + 20 = ?

2.) Dasselbe für die folgenden Aufgaben:

- a) 35 + 7 = ?
- b) 35 + 17 = ?
- c) 35 + 27 = ?
- d) 35 + 37 = ?
- e) 35 + 47 = ?
- f) 35 + 57 = ? …

Beim Besprechen dieser Aufgaben und der jeweils angegebenen Lösungswege an der Tafel nehmen wir genügend Zeit, jedes einzelne Vorgehen zu erläutern. Als Beispiel nehmen wir hier die Addition 35 + 27 = ?

Die Frage «Wie rechnet ihr 35 + 27 = ?» kann zu zahlreichen richtigen Antworten führen, die aber möglicherweise nicht dem schriftlichen Rechenverfahren entsprechen. Beispielsweise könnte ein Kind sagen: «Bei 35 + 27 nehme ich zuerst 30 + 20. Das sind 50. Dann habe ich noch 5 + 7, das sind 12. 50 + 12 sind 62.» Das Kind hatte also mit den Zehnern begonnen und dann die Einer addiert. Das ist ein richtiger und möglicher Weg. Ein anderes Kind rechnet vielleicht 35 + 20 = 55. Dazu die 7 addiert ergibt 62. Wieder ein anderes Kind wird vielleicht rechnen, indem es von der 35 zuerst 3 der 27 zuschlägt, also 30 erhält und zum Ausgleich von der 35 die 3 abzieht, also 32 erhält, und dann addiert: 30 + 32 = 62.

Wie schon oft zuvor erfahren die Kinder, dass eine Frage – hier die Frage nach möglichen Rechenwegen – viele verschiedene richtige Antworten haben kann. Das kann ein Freiheitserlebnis und zugleich eine Anerkennung des eigenen Nachdenkens sein, wenn der Lehrer sich bemüht, die angebotenen Lösungswege wirklich nachzuvollziehen.

Das schriftliche Rechnen, wie wir es jetzt behandeln werden, schließt eng an die Arbeit mit den Kassenzetteln an. Dazu verwenden wir eine *Wechselstube*, wie sie in Abb. 30 und 31 gezeigt wird.

Die Wechselstube

Der Sinn der Wechselstube ist es, die genaue *Positionierung* der Stellen und vor allem den *Wechselvorgang* bei der Bildung des Übertrags durch *Handlungen* verständlich zu machen. Beides ist im Umgang mit Kassenbelegen veranlagt.

Es empfiehlt sich, die Wechselstube aus Pappe einigermaßen stabil und groß genug so herzustellen, dass das Ganze an der Tafel befestigt und von Weitem erkannt werden kann. Es besitzt

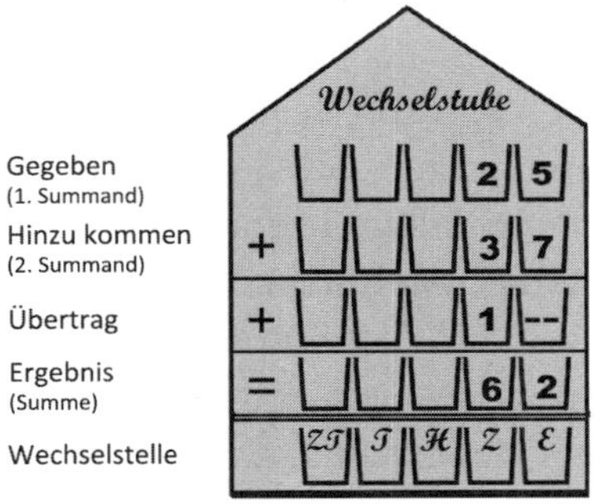

Abb. 30: Addieren mit der Wechselstube

Abb. 31: Rechenscheine

fünf oder sechs Reihen von Taschen. Sie müssen so groß und weit sein, dass sie genügend viele Rechenscheine aufnehmen können. Auf den Taschen steht deutlich sichtbar *Einer*, links davon *Zehner* und so fort. Die *Rechenscheine* (Abbildung 31), die wir bei Bedarf auch *Rechengeld* nennen, besitzen entsprechend dem Dezimalsystem nur Einer, Zehner, Hunderter, Tausender und werden danach benannt. Sie werden in ausreichender Menge zum Beispiel in der gezeigten Form hergestellt.

Zu beachten ist noch, dass die Abbildungen zur Wechselstube *nicht den Handlungsvorgang* selbst darstellen können, sondern angeben, wie viele Rechenscheine in welcher Tasche stecken. Die fett geschriebenen Zahlen geben den *Tafelanschrieb* wieder, der *neben* der Wechselstube begleitend zu den Handlungen entstehen sollte.

Um das Arbeiten mit der Wechselstube einzuführen, wenden wir sie auf einen ganz einfachen Fall an (Abbildung 30):

$$\begin{array}{r} 25 \\ +\underline{37} \\ ? \end{array}$$

Dazu entnehmen wir der Wechselstelle zunächst 5 Einer und 2 Zehner und stecken sie in die oberste Taschenreihe, wobei wir natürlich die richtigen Taschen verwenden müssen. Entsprechend kommen in die zweite Taschenreihe 7 Einer und 3 Zehner aus dem Bestand der Wechselstelle. Nun werden zunächst die Einer aus den entsprechenden Taschen herausgenommen und zusammengezählt. Sie ergeben 12 Einer. 10 von den Einern ergeben einen Zehner.

Wir stecken also 10 Einer in die Einer-Tasche der Wechselstelle und dürfen nun 1 Zehner dort aus der Zehner-Tasche nehmen. Diesen Zehner stecken wir in der dritten Zeile, der *Übertragszeile*, in die Zehner-Tasche. Die nicht zu wechselnden zwei Einer kommen in der *Ergebniszeile* in die Einer-Tasche.

Dann wenden wir uns den Zehnern zu. Wir zählen 1 + 2 + 3 = 6 Zehner. Da nichts zu wechseln ist, kommen sie in die Ergebniszeile in die Zehnertasche. Insgesamt haben wir in der Ergebniszeile also 6 Zehner und 2 Einer. Das ergibt 62.

Die Abbildungen 32 und 33 stellen mögliche schrittweise Erweiterungen dar.

Wie gesagt, empfiehlt es sich, die Rechnung begleitend rechts neben dem Rechenhaus in gleicher Größe und Höhe anzuschreiben, sodass die enaktive Darstellung (durch Handlung) sofort durch eine symbolische ergänzt wird.

Dieses Addieren wird nun in vielfältiger Weise immer wieder geübt. Es ist im Grunde, was man auch beim reinen Kopf-

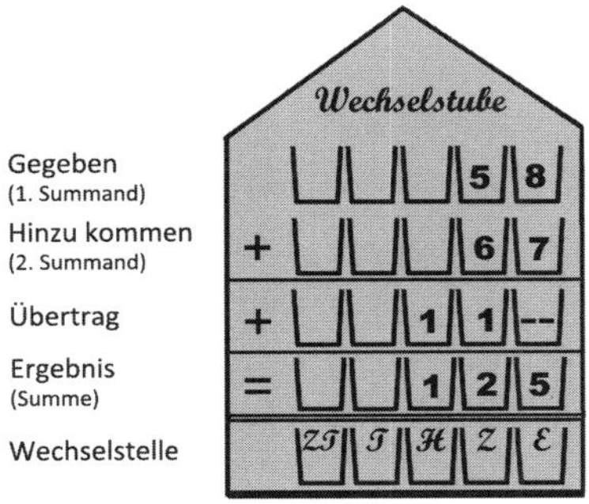

Abb. 32: Zwei Überträge

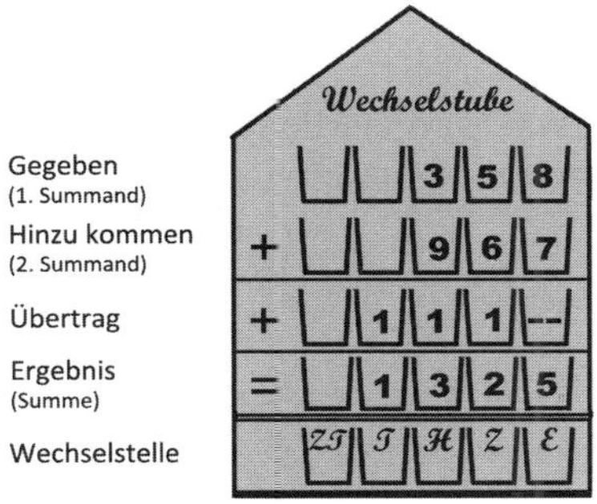

Abb. 33: Addition dreistelliger Zahlen

rechnen tun kann: Man zählt zuerst die Einer zusammen. Wenn sie mehr als 9 ergeben, erhöht man entsprechend die Zahl der Zehner, sodass es im Ergebnis nie mehr als 9 Einer gibt. Entsprechend verfährt man dann mit den Zehnern, die man in Hundert umwandelt, wenn es mehr als 9 Zehner sind und so weiter. Man braucht aber tatsächlich eigentlich immer nur einstellige Zahlen (Einer) addieren. Aus der *Stellung* ergibt es sich, ob es sich um Einer, Zehner, Hunderter oder Tausender handelt.

Wichtig ist nun, sich von der Wechselstube zunehmend zu lösen. Das kann man zum Beispiel tun, indem man neben die mit der Wechselstube gerechneten Aufgabe und ihren Anschrieb eine nächste Aufgabe nur schriftlich vorgibt und sie lösen lässt. Kinder, die es wollen, können immer wieder eine Aufgabe mit der Wechselstube lösen, andere werden sich leicht von ihr lösen.

Werden zur Übung wieder Kassenzettel kontrolliert, also mit Dezimalzahlen gerechnet, die zwei Nachkommastellen besitzen (Centbeträge), dann ist vor allem darauf zu achten, dass die Kommata genau untereinander stehen. Man kann darauf hinweisen, dass auf den Kassenzetteln die Übertragszeile nicht angegeben ist. Im Addieren verwendet sie aber die Maschine für uns unsichtbar.

Der nächste Schritt führt dann zur Addition von mehr als zwei

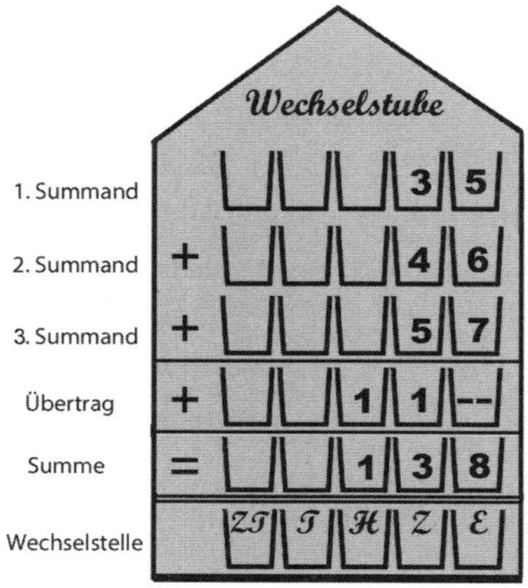

Abb. 34: Die Wechselstube für drei Summanden

Summanden (Addenden). Es handelt sich dabei nicht um ein neues Verfahren, sondern um die naheliegende Erweiterung des Behandelten, die von einigen Kindern selbst gefunden werden kann. Will man dies auch mit der Wechselstube durchführen, braucht man für jeden neuen Summanden eine zusätzliche Taschenreihe.

Abbildung 34 gibt ein Beispiel für drei Summanden.

Ob man die Wechselstube für mehr als zwei Summanden erweitern will, ist aus der Arbeit mit der Klasse zu entscheiden. Es erscheint mir im Allgemeinen *nicht* notwendig, wenn die rein schriftliche (symbolische) Darstellung der Rechnungen mit der Wechselstube immer begleitend angeschrieben wurde. Die Übertragszeile sollte allerdings bei allen Rechnungen zunächst freigelassen werden und die entsprechenden Zahlen in gleicher Größe deutlich dort eingetragen werden. Die folgenden Beispiele geben an, wie eine Additionsaufgabe gelöst werden kann.

4 5 6		4 5 6
+ 5 4 3	oder, wenn klar ist,	5 4 3
+ 3 6 5	dass es sich nur um	3 6 5
+ 6 3 4	Additionen handelt	6 3 4
+ 1 1 1		1 1 1
= 1 9 9 8		1 9 9 8

Übungen zum Addieren II

1. a) Addiere die Zahlen 17 und 18 zunächst im Kopf und dann mit dem gelernten schriftlichen Rechenverfahren. Ebenso die Zahlen 17 und 28; 27 und 28; 27 und 37; 42 und 28; 33 und 47; 56 und 19.
   b) Kannst du die folgenden Zahlen im Kopf addieren? Wenn ja, schreibe das Ergebnis auf und prüfe schriftlich. Wenn nein, rechne nur schriftlich: 123 + 234; 234 + 345; 345 + 456; 456 + 567. Kannst du die Reihe dieser Aufgaben entsprechend um drei Aufgaben fortsetzen?
   c) Addiere die Zahlen 222, 333, 444 und 555 schriftlich.

Sind 10 000er schon eingeführt, können wir auch mit größeren Zahlen rechnen:

2. a) Addiere schriftlich 888 + 999.
   b) Mache selber eine ähnliche Aufgabe und löse sie.
3.) Addiere schriftlich die Beträge 17,50 €; 20,80 € und 22,70 €.
4.) Die Familie Keller kehrt auf einer Sonntagswanderung mittags in eine Wirtschaft ein. Es bestellen Eltern und Kinder 5× Apfelsaftschorle zu je 1,80 €, 3× Pommes mit Ketchup zu je 2,80 €, 1× Forelle zu 12,20 € und 1× Spagetti Bolognese zu 7,50 €. Die Bedienung addiert zum Schluss handschriftlich die Getränke und Speisen. Prüfe das Ergebnis von 37,10 €.
5.) An einem anderen Wochenende haben sie die Rechnungsposten 11,20 €; 10,70 €; 5,50 €; 7,20 €; 4,60 € und die Gesamtsumme 38,20 €. Gunter schätzt zunächst das Ergebnis ab. Es kommt ihm nicht richtig vor, und so rechnet er genau nach. Tatsächlich findet er einen Fehler. Rechne selber nach. Wo hat die Bedienung wahrscheinlich einen Flüchtigkeitsfehler gemacht?
6.) Prüfe das Ergebnis der Rechnungsposten vom Einkauf im Handwerkermarkt 23,55 €; 67,13 €; 11,17 €; 0,97 €; 35,05 € (Summe 137,87 €).

Ist das schriftliche Addieren zu einer gewissen Sicherheit bei den Kindern gebracht, kann man beginnen, die Übertragszeile wegzulassen und den Übertrag wie üblich nur klein unter die jeweils links stehende Zahl zu schreiben oder sie überhaupt nur zu *merken*. Das sieht dann etwa folgendermaßen aus – andere Schreibweisen sind möglich:

$$\begin{array}{r} 749 \\ +\,638 \\ +\,5_1 2_2 7 \\ \hline 1914 \\ \hline\hline \end{array}$$

Abb. 36: Handschriftliche Addition

Übungen zum geschickten Rechnen

Während der Übungen zur Addition sollten auch immer wieder Übungen zu einem geschickten Zusammenfassen der Summanden durchgeführt werden, um nicht immer nur schematisch zu rechnen. Beispiele sind:

Addiere vorteilhaft die folgenden Zahlen:

a)	b)	c)
1	11	111
2	22	222
3	33	333
4	44	444
5	55	555
6	66	666
7	77	777
8	88	888
9	99	999

Addiere nicht blindlings herunter, sondern fasse geschickt zusammen.

2.) Finde eigene Additionsaufgaben, die sich bei geschicktem Zusammenfassen leichter rechnen lassen.

3.) Wir geben die Summe vor und suchen zwei oder mehr Summanden, die diese Summe ergeben. Prüfe alle Ergebnisse durch schriftliches Addieren.

Beispiele:

a) 1000 wird vorgegeben.
Erste Lösung: 1000 = 500 + 500. Zweite Lösung: 1000 = 400 + 600. Dritte Lösung: 1000 = 250 + 250 + 250 + 250. Finde weitere Lösungen.

b) 999 wird vorgegeben.
Erste Lösung: 999 = 666 + 333. Zweite Lösung: 999 = 111 + 222 + 333 + 222 + 111. Finde weitere Lösungen.

Für Englischlehrer

Bei der wohl häufigsten Methode zur schriftlichen Addition wird wie bei uns gerechnet, nur werden die Überträge (carry oder carry over) über die Summanden geschrieben, also zum Beispiel:

Übertrag	1	1	1	
		8	9	8
	+	3	3	6
	1	2	3	4

Grundsätzlich empfiehlt es sich, im englischsprachigen Internet nach *long addition* zu suchen, um die entsprechenden Ausdrücke zur Verfügung zu haben.

Das schriftliche Subtrahieren

Auch bei der Behandlung der Subtraktion kann der Einsatz der Wechselstube sinnvoll sein, doch muss der Lehrer entscheiden, was für seine Klasse und für ihn vorteilhaft ist. In jedem Fall werden die ersten Schritte als Kopfrechenübung durchgeführt.

Vorbereitung

Man kann wie bei der Einführung der Addition mit praktischen Beispielen beginnen:

1.) Ihr geht mit 20 € einkaufen und gebt mancherlei für Kleinigkeiten aus. Am Ende habt ihr noch 13 € im Portemonnaie. Wie viel habt ihr ausgegeben? (Entsprechend 20 € und 11 €; 20 € und 9 €; 20 € und 7 € etc.)[64]
2.) Ihr geht mit 20 € einkaufen und gebt 5 € aus. Was ist der Rest? (Entsprechend 20 € und 7 €; 20 € und 9 €; 20 € und 11 €; 20 € und 17 €; 33 € und 22 € etc.)[65]
3.) Entsprechend: 11,20 € und 7,20 €; 11,20 € und 7,10 €; 11,20 € und 7,30 €; 13,20 € und 8,50 €.
4.) Enthalten die Beträge Cent-Einer, wird es noch schwieriger, wie zum Beispiel bei folgender Aufgabe: Ihr hattet 16,71 € im Portemonnaie, gabt einiges aus und habt noch 9,83 €. Wie viel habt ihr ausgegeben?
5.) Ihr geht mit 21,27 € einkaufen und gebt 11,77 € aus. Wie viel müsst ihr noch haben?

Man erlebt rasch, dass es schwieriger wird, wenn wir mit größeren Beträgen in Euro und Euro-Cent (oder einfacher nur: *Cent*) rechnen. Dann können die Rechenscheine, das Rechengeld oder die Wechselstube eine Hilfe sein, das schriftliche Subtrahieren zu unterstützen. Sie dient vor allem wieder dazu, den oft notwendigen Wechselvorgang verständlich zu machen. Da die Leistungsfähigkeit im Kopfrechnen sehr unterschiedlich ist, sollte man aber fähige Kinder *nicht* zwingen, diese materiellen Hilfsmittel bei einfachen Aufgaben zu verwenden.

Subtraktion mithilfe der Wechselstube

Um das Verfahren zu erläutern, beginnen wir mit einer Aufgabe, die noch keinen Zehnerübergang erfordert (siehe Abbildung 35):

$$\begin{array}{r} 45 \\ \underline{-12} \\ \underline{\;\;?} \end{array}$$

Zunächst stecken wir 5 Einer und 4 Zehner in die entsprechenden Taschen der obersten Zeile. In die Genommen-Zeile macht es nun nicht Sinn, jetzt schon die Geldscheine zu stecken, denn sie sollen ja erst fortgenommen werden. Wir schreiben deshalb auf je einen Zettel so groß wie die Geldscheine **2 Einer** beziehungsweise **1 Zehner** und stecken sie in die entsprechenden Taschen. Sie geben uns an, was wir in der ersten Zeile zu entnehmen haben. Sie sind ein *Auftrag*, etwas zu entnehmen. Deshalb steht auf jedem Zettel nur jeweils die Zahl, wie viel zu entnehmen ist.

Jetzt holen wir aus der Einertasche der ersten Zeile 2 Einer, die wir in der Genommen-Zeile in die Einertasche stecken. 3 bleiben übrig, die wir in der Ergebniszeile in die Einertasche stecken. Dann entnehmen wir aus der Zehnertasche 1 Zehner, den wir in die entsprechende Zehnertasche der Genommen-Zeile stecken. Die verbleibenden 3 Zehner stecken wir in der Ergebniszeile in die Zehnertasche. Das Ergebnis ist also 33.

Nun soll ein Zehnerübergang stattfinden. Die Aufgabe (siehe Abbildung 36):

$$\begin{array}{r} 45 \\ \underline{-18} \\ \underline{\;\;?} \end{array}$$

soll mit der Wechselstube gelöst werden. Wieder wird alles wie

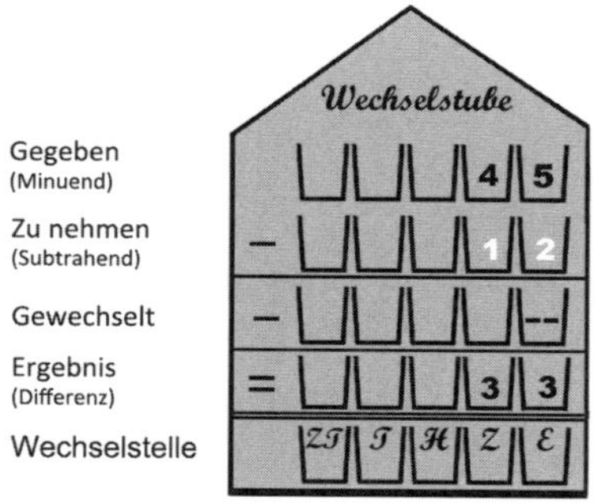

Abb. 35: Schriftliches Subtrahieren

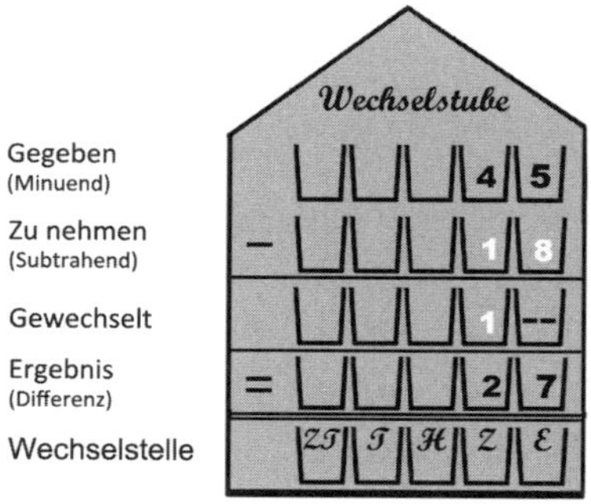

Abb. 36: Schriftliches Subtrahieren mit Wechselvorgang

im ersten Fall vorbereitet. Wir können aber aus der Einertasche, in der nur 5 Einer sind, nicht 8 Einer entnehmen. Was tun?

Hier gibt es im Wesentlichen zwei Wege.

Erster Weg: Wir entnehmen der Zehnertasche einen Schein und tauschen ihn in der Wechselstelle gegen 10 Einer ein, die wir in die Einertasche stecken. Dort haben wir nun 15 Einer. Von diesen können wir 8 fortnehmen, die wir in die Genommen-Zeile in die Einertasche stecken. Es bleiben 7 Einer, die in die Einertasche der Ergebniszeile kommen.

Den aus der Zehnertasche entnommenen Zehner markieren wir in der *Gewechselt-Zeile* als Erinnerungsposten. Dann entnehmen wir der Zehnertasche einen zweiten Schein. Die verbleibenden zwei Zehnerscheine kommen in die Ergebniszeile. Das Ergebnis ist also 27.

Zweiter Weg: Wir lassen die 4 Zehner in der Zehnertasche und leihen uns 1 Zehner von der Wechselstelle, den wir uns als 10 Einer auszahlen lassen; diese stecken wir in die Einertasche der Gegeben-Zeile. Die entstandenen Schulden schreiben wir in die Gewechselt-Zeile. Nun können wir die 8 Einer entnehmen. Sie kommen in die Genommen-Zeile. Der Rest von 7 Einern kommt in die Ergebnis-Zeile. Nun müssen wir aus der Zehnertasche der

Gegeben-Zeile 2 Zehner entnehmen. Ein Schein geht zurück an die Wechselstelle, den anderen Schein stecken wir in die Genommen-Zeile, den verbliebenen Rest in die Ergebniszeile. Das Ergebnis ist 27.

Auf dem ersten Weg haben wir unmittelbar 1 Zehner zum Wechseln der Zehnertasche entnommen. Auf dem zweiten Weg wird ein *geliehener* Zehner umgetauscht. Da er zurückgezahlt werden muss, haben wir jetzt der Zehnertasche 2 Zehner zu entnehmen.

Zwischenbemerkung: Wir hatten früher ausgeführt, dass das kindliche Denken durch das Rechnen nicht zu eng an sinnliche Anschauungen gebunden werden sollte. Die Verwendung der Rechenstube scheint dem zu widersprechen. Zu beachten ist aber, dass das Handlungsschema nicht primär den Umgang mit Zahlen – der ist im Wesentlichen auf das Rechnen mit Einern reduziert –, sondern ein *Handlungsverfahren* (einen Algorithmus) beschreibt. Deshalb sehe ich darin keinen Widerspruch zu den früheren Ausführungen. Dennoch sollte man fähige Kinder nicht zwingen, das physische Manipulieren über längere Zeit ausführen zu müssen. Sie werden von sich aus rasch die schriftliche Form verwenden wollen. In dieser ist zunächst immer die Gewechselt-Zeile freizulassen. Die letzte Aufgabe steht dann neben der Wechselstube:

	4	5
–	1	8
–	1	
	2	7

Wie bei der Addition ist die Verwendung der Wechselstube stets mit Sprechen und einer analogen schriftlichen Darstellung neben der Wechselstube zu begleiten. Die Zahl, von der abgezogen werden soll, nennt man in der Mathematik den *Minuend*. Die Zahl, die abgezogen werden soll, heißt *Subtrahend*. Ihn würde ich zunächst farbig, zum Beispiel mit Hellblau, schreiben. Er ist eine Handlungsvorschrift, ein *Operator*.

Übungen zum schriftlichen Subtrahieren

1.) Man kann anfänglich wieder gut mit den Rechenscheinen (Rechengeld) arbeiten. Zum Beispiel können wir sie verteilen und die Schüler auffordern, ihrem Nachbarn einen bestimmten Betrag zu zahlen. Der bei ihnen verbliebene Rest ist vorher zu bestimmen.

2.) Der Mitschüler stellt ihm eine Rechnung, die er mit seinem Geld bezahlen soll. Er gibt ihm einen beliebigen Betrag. Bestimme, um wie viel es zu viel oder zu wenig ist. Was hat der Empfänger noch zu bekommen oder herauszugeben?

3.) Schreibe die folgenden Aufgaben jeweils als Kolonne untereinander und subtrahiere schrittweise.
Beispiel: 49 – 25 wird geschrieben und gerechnet:

$$\begin{array}{r} 49 \\ \underline{-25} \\ \underline{24} \end{array}$$

Löse entsprechend:

a) 38 – 12
b) 47 – 25
c) 86 – 61
d) 94 – 64
e) 94 – 74
f) 94 – 84
g) 33 – 11

4.) Subtrahiere ebenfalls in Kolonnenform:

a) 32 – 18
b) 45 – 27
c) 81 – 66
d) 51 – 15
e) 51 – 25
f) 51 – 35
g) 51 – 45

Die oben beschriebenen zwei Wege für die Subtraktion können auch so betrachtet werden, dass es grundsätzlich zwei Möglichkeiten gibt, eine Differenz zu berechnen: entweder durch das eigentliche *Subtrahieren* oder durch ein *Aufaddieren*.

Beim eigentlichen Subtrahieren wird aktiv etwas fortgenommen, abgezogen. Dies geschieht real, wo wir Geld ausgeben, von einem Brett etwas abschneiden und Ähnlichem. Als Ergebnis verbleibt der *Rest*.

Beim Aufaddieren fragen wir zum Beispiel: Um wie viel ist ein Bestand größer als ein anderer? Als Beispiel kann man an den Vergleich zweier Körpergrößen denken: Ein Kind besitzt die Größe 144 cm, ein anderes die Größe 159 cm. Um wie viel ist das zweite Kind größer als das erste? Hier wird man eher aufaddieren. Im Sinn der in Band 1 dieser Reihe gegebenen Übersicht über die Rechenoperationen kann man vom *Unterschied-Bilden* sprechen.[66] Es wird also ein Vergleich angestellt, der hier zum Unterschied von 15 cm führt.

Wir wollen an einem etwas größeren Beispiel die beiden Denk- und Sprechweisen an der Wechselstube noch einmal wiederholen:

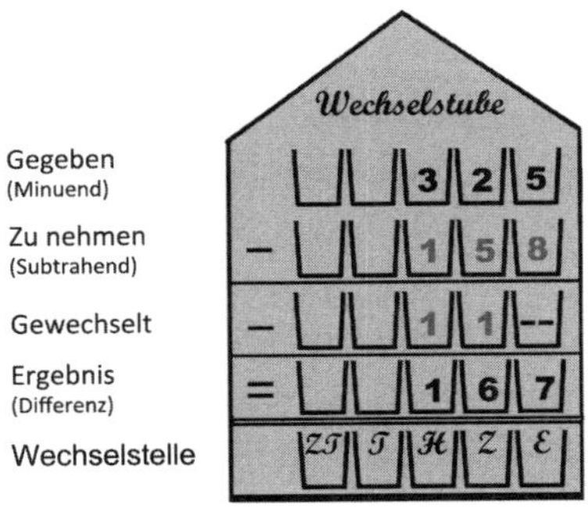

Abb. 37: Subtraktion mit 3-stelligen Zahlen

1.) Wir rechnen und sprechen: 5 – 8 geht nicht. Also wechsle ich in der Wechselstelle 1 Zehner in 10 Einer und erhalte insgesamt 15 Einer, von denen nehme ich 8 und stecke sie in die Einertasche der Genommen-Zeile. Die restlichen 7 kommen in die Einertasche der Ergebniszeile. Die 1 in der *Gewechselt-Zeile* erinnert mich, dass der Zehnertasche 1 Zehner entnommen wurde, also in ihr nur noch 1 Zehner enthalten ist. Ich kann aber auch so denken, dass aus der Zehnertasche, in der 2 Zehner sind, insgesamt 5 + 1 = 6 Zehner entnommen werden müssen.

2.) In der ersten Denkweise sollen 5 Zehner entnommen werden. 1 – 5 geht nicht. Bei der zweiten Denkweise rechne ich: 2 – 6 geht nicht. Auf beiden Wegen wechsele ich 1 Hunderter in 10 Zehner und erhalte insgesamt 11 Zehner. Davon werden 5 Zehner abgezogen, die in die Genommen-Zeile an entsprechender Stelle kommen. Die übrig gebliebenen 6 Zehner werden in die Zehnertasche der Ergebniszeile gesteckt. Eine 1 in der Gewechselt-Zeile erinnert mich an den um 1 verminderten Bestand in der Hunderter-Tasche. Es befinden sich dort also nur noch zwei Hunderter. Davon kommt 1 Hunderter in die Genommen-Zeile und 1 Hunderter in die Ergebniszeile. Dort finden wir 1 Hunderter, 6 Zehner und 7 Einer. Das Ergebnis ist also 167.
   Auf dem zweiten Denkweg sage ich mir: Insgesamt muss ich der Hunderter-Tasche 2 Hunderter entnehmen, also bleibt einer übrig.

Der erste Weg entspricht dem realen Handlungsablauf mit der Wechselstube, der zweite kann in der schriftlichen Darstellung vorteilhaft sein. Der Geliehene und Gewechselte wird dann eben einen Schritt später abgezogen.

3.) Sehr häufig wird nicht eigentlich subtrahiert, sondern aufaddiert. Wir beginnen mit den Einern und rechnen und sprechen: 8 bis 5 geht nicht. Ich leihe mir in der Wechselstube

1 Zehner und tausche ihn in 10 Einer und erhalte so insgesamt 15 Einer. Von 8 bis 15 ist 7. Die genommenen 8 Einer kommen in die Genommen-Zeile, die übrigen 7 Einer werden in der Ergebniszeile in die Einertasche gesteckt. Eine 1 in der Gewechselt-Zeile erinnert uns, dass wir 1 Zehner der Wechselstube schulden.

Nun gehen wir zu den Zehnern. Wir müssen 1 Zehner mehr aus dem Bestand (Gegebenen) entnehmen, um auch unsere Schulden zurückzahlen zu können. Wir müssen also rechnen: 1 + 5 = 6 bis 2 geht nicht. Ich leihe mir deshalb in der Wechselstube 1 Hunderter und tausche ihn in 10 Zehner und erhalte so insgesamt 12 Zehner. Von 6 bis 12 ist 6. 6 Zehner kommen in die Genommen-Zeile, und die restlichen 6 Zehner werden in der Ergebniszeile in die Zehnertasche gesteckt. Eine 1 in der Gewechselt-Zeile erinnert uns, dass wir 1 Hunderter in Zehner gewechselt haben. Den bezahlen wir zurück, denn der Bestand der Wechselstelle darf durch die Rechnung nicht verändert werden.

Nun berechnen wir, was von den Hundertern bleibt. Wir rechnen und sprechen: Zu nehmen ist 1 Hunderter. Außerdem muss der geliehene Hunderter zurückbezahlt werden. 2 bis 3 ist 1. Wir stecken also 1 Hunderter in die Genommen-Zeile und 1 Hunderter geben wir der Wechselstube zurück. Den verbleibenden Hunderter stecken wir in die Ergebniszeile.

Nun kommt es darauf an, die behandelten schriftlichen Rechenarten von der Wechselstube zu lösen und Rechnungen in der üblichen Weise vielfältig zu üben. Für schwächere Schüler kann aber die Wechselstube noch in der Klasse verfügbar bleiben, bis sie die schriftlichen Operationen auch ohne diese Hilfe beherrschen.

In der handschriftlichen Darstellung (siehe Abbildung 38) ist es üblich, die Gewechselt-Zeile nicht gesondert zu schreiben, sondern die Verringerung einer Zahl mit Durchstreichen und Darüberschreiben sichtbar zu machen, also zum Beispiel:

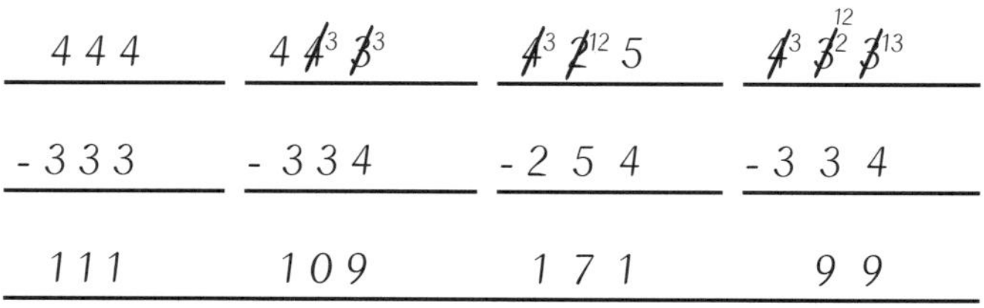

Abb. 38: Subtraktion mit 3-stelligen Zahlen

Dabei kann kein oder ein mehrfaches Durchstreichen notwendig sein.

In den schriftlichen Übungen sollte man dann bei der Addition zu größeren Zahlen und längeren Kolonnen übergehen. Außerdem sind bei der praktischen Anwendung bald auch Dezimalzahlen als Euro und Cent zu verwenden. Dabei wird strikt darauf hingewiesen, dass Komma genau unter Komma stehen muss. Von den Kindern kann man Kassenzettel mitbringen lassen, an denen man sieht, wie diese Regel immer eingehalten wird.

Nun kann es aber auch auftreten, dass Pfandflaschen oder -gläser zurückgegeben wurden. Wie erkennt man dies auf einem Kassenzettel? Rechnerisch hat man es mit Kolonnen zu tun, in denen Additionen und Subtraktionen gemischt vorkommen.

Übungen zu Additionen und Subtraktionen

1.) Addiere:

a)	b)	c)	d)	e)	f)	g)
33	44	55	98	127	123	789
44	55	66	99	217	321	876

2.) Wenn möglich, bringe von zu Hause mehrere Kassenzettel mit. Kontrolliere, ob richtig gerechnet wurde.

3.) Ergänze in den folgenden Kassenzetteln die nicht mehr lesbaren Zahlen.

Kassenzettel:

a)

Dentalsticks	0,95
Hund Lieb. Kekse	0,95
Hund Plätzchen	0,95
Body Milk	2,95
Perlweiß	2,45
Summe	8,25
Bezahlt	?
Rückgeld EUR	12,05

b)

Handschuhe	25,95
Mütze	24,99
Summe	50,94
Bar EUR	55,00
Rückgeld EUR	?

c)

Aufhängung	5,99
Teppich	39,00
Bonsai	5,99
Summe	50,98
Bezahlt	60,00
Rückgeld EUR	?

4.) Subtrahiere schriftlich:

59	58	123	132	222	412	279
–23	–39	–54	– 64	–83	–187	–199

5.) Es gibt Kassenzettel, auf denen Pfand zurückgezahlt wurde. Woran erkennt man das?
Beispiel: Auf dem Kassenzettel mit dem Leergut wird das zurückgezahlte Pfand mit einem Minuszeichen vor der Zahl geschrieben, um darzustellen, dass dieses Geld aus der Kasse an den Kunden bezahlt wurde.

Quark	0,95
Hundefutter	2,99
Käse	1,85
Body Milk	2,95
Seife	0,75
Pfand	– 0,60
Summe	10,09
Bezahlt	?
Rückgeld EUR	0,01

6.) Berechne schriftlich:

a)	b)	c)	d)	e)	f)
22,37	17,83	22,33	18,77	864,20	597,23
– 1,55	– 2,55	– 3,55	– 1,55	+ 635,80	+ 653,56
+ 2,88	+ 2,82	+ 2,88	+ 2,88	– 900,00	– 250,80

7.) Bestimme, welche Zahl zu subtrahieren ist, um aus 99 66 zu erhalten.
Dasselbe für a) 111 → 88; b) 222 → 111; c) 333 → 301; d) 2,21 → 1,10; e) 14,14 → 4,14.

8.) Auf einem Kassenzettel ist eine Zahl nicht mehr zu lesen. Bestimme die fehlende Zahl.
Beispiel: Zu lesen ist

$$\begin{array}{r} 4{,}44 \\ -\ 6{,}66 \\ \underline{+\quad\ ?} \\ \underline{8{,}88} \end{array}$$

In der freien Zeile muss 11,10 stehen, nämlich 8,88 – 4,44 + 6,66 = 11,10. Warum?
Mache selber Beispiele und tausche sie mit einem Nachbarn aus. Natürlich solltest du die Lösung selber auch schon bestimmt haben.

Für Englischlehrer

Das schriftliche Subtrahieren (*long subtraction* oder *long hand subtraction*) ist – wie das schriftliche Addieren – unseren Verfahren sehr ähnlich. Wir erläutern es an einem Beispiel:

Problem: subtract 158 from 327 or: calculate 327 – 158.

Problem			1st step			2nd step			3rd step		
H	T	O	H	T	O	H	T	O	H	T	O
				1	17	2	11	17	2	11	17
3	2	7	3	~~2~~	~~7~~	~~3~~	~~2~~	~~7~~	~~3~~	~~2~~	~~7~~
– 1	5	8	– 1	5	8	– 1	5	8	– 1	5	8
					9		6	9	1	6	9

1.) First we write carefully the ones, the tens, and the hundreds below each other. Then we try to subtract 8 from 7. This is not possible. Therefore we borough 10 from our left neighbour. Now we have 17 ones. We cancel the 7 and write 17 above. 17 – 8 gives 9 ones. This is written into the last line. The 2 is also cancelled and the 1 that remained after borrowing is written above.
2.) 5 cannot be subtracted from 1. Therefore we borough 1 hundred. 3 hundreds are originally given. Now 2 are left. We cancel the 3 and write 2 above. The 1 hundred gives us 10 tens. At all we get 11 tens. Minus 5 tens gives 6 tens in the last line. 3 is cancelled and 2 written above.
3.) 2 minus 1 gives 1 (hundred).
4.) The answer is 327 – 158 = 169

Das schriftliche Multiplizieren

Das Multiplizieren kann als ein *wiederholtes Addieren* verstanden werden. Das bedeutet im Beispiel 6 × 43, dass 6 Summanden von jeweils 43 zu addieren sind.[67] Im Manipulieren mit dem Rechengeld bedeutet dies: Nimm 3 Einer und 4 Zehner jeweils 6-mal heraus. Dies ergibt 18 Einer und 24 Zehner. Wechsle 10 Einer in 1 Zehner und lege ihn zu den Zehnern. Die übrigen 8 Einer kommen ins Ergebnis. An Zehnern hat man 4 x 6 = 24 und den eingewechselten 1 Zehner, insgesamt also 25 Zehner. 20 davon wechseln wir in 2 Hunderter. So erhältst du das Ergebnis: 2 Hunderter, 5 Zehner und 8 Einer: 6 × 43 = 258.

Haben die Kinder vor allem das Addieren mithilfe der Wechselstube ausführlich geübt und dabei den Sinn des Übertrags gut verstanden, kann hier auf ihre weitere Verwendung verzichtet werden. Der Gebrauch des dezimalen Rechengeldes – ohne die Wechselstube – ist natürlich nicht ausgeschlossen.

Eine Zwischenstufe zwischen dem Gebrauch der Wechselstube und der rein rechnerischen Behandlung kann die Darstellung einer konkreten Situation durch die Kinder sein. Dabei ist natürlich zu beachten, dass die schriftliche Beschreibung hier viel umständlicher erscheint als das reale Tun!

Die Klasse will einen Ausflug machen. Im Laufe von drei Tagen bringt jedes Kind den notwendigen Betrag mit. Da in der 3. Klasse es eher selten ist, dass man das Geld bar von den Kindern einsammelt, wird man wieder zum Rechengeld greifen und das Einsammeln des Geldes simulieren. Ein Kind, der Kassier, sammelt von jedem Kind denselben Betrag – zum Beispiel 18 € – ein. Von den 30 Kindern bezahlen laut Liste am ersten Tag 7 Kinder, am zweiten 12 und am dritten die restlichen 11 Kinder. Wie viel Geld übergibt der Kassier an den einzelnen Tagen der Lehrerin? Wie viel am ersten, wie viel am zweiten und wie viel am dritten Tag? Durch Abzählen stellt der Kassier fest, dass er am ersten Tag 126 €, am zweiten 216 € und am dritten 198 € erhalten hat.

Wie kann er prüfen, ob dies die richtigen Summen sind oder ob er beim Einsammeln oder Wechseln unachtsam war? Das geschieht durch die Multiplikationen 7 × 18 € = ? €, 12 × 18 € = ? € und schließlich 11 × 18 € = ? €.

Es wird nun besprochen, wie man diese Multiplikationen – ähnlich wie bei den anderen schriftlichen Rechenverfahren – aufschreiben kann. Wir beginnen mit einem 1-stelligen Multiplikator, der 7, und schreiben – jedenfalls für den Anfang – den *kleineren* Faktor rechts. Dann rechnen wir zuerst 7 × 8 = 56 und schreiben die 56 so, dass der Einer 6 genau unter dem Multiplikator 7 steht.

```
1 8 × 7
-------
  1 2 6
```

Gesprochen wird: 7 × 8 ist 56. Die 6 kommt unter die 7. Die 5 (eigentlich 50) könnten wir in eine Übertragszeile schreiben. Für das Rechnen mit mehrstelligen Multiplikatoren ist das aber unpraktisch, weil zu viele Zeilen mit unterschiedlicher Bedeutung entstehen würden. Deshalb *merken* wir die 5 und addieren sie im nächsten Schritt:

Wir multiplizieren nun mit der 7 den Zehner von 18, also 1, und erhalten 7 × 1 = 7. Die gemerkte 5 wird dazuaddiert und ergibt 12. Damit haben wir das Ergebnis 126. Das entspricht dem eingenommenen Betrag!

Das Verfahren erlaubt uns also hier, nur mit dem kleinen Einmaleins und Einspluseins umzugehen.

Bevor wir die noch fehlenden Kontrollrechnungen durchführen, üben wir das neue Multiplikationsverfahren durch einige weitere Beispiele:

1.) Berechne 27 × 9

```
2 7 × 9
-------
  2 4 3
```

Wir schreiben und sprechen:
9 × 7 = 63. Die 3 wird unter die 9 geschrieben, die 6 gemerkt.

$9 \times 2 = 18$. Plus 6 gemerkt gibt 24. 24 kommt links neben die 3. Das Ergebnis ist: $27 \times 9 = 243$.

2.) Berechne 87×8

$$\begin{array}{r} 8\ 7 \times 8 \\ \hline 6\ 9\ 6 \\ \hline \end{array}$$

Wir schreiben und sprechen:
$8 \times 7 = 56$. Die 6 wird unter die 8 geschrieben, die 5 gemerkt. $8 \times 8 = 64$. Plus 5 gemerkt gibt 69. Die 69 kommt links neben die 6. Das Ergebnis ist: $87 \times 8 = 696$.

3.) Berechne 555×6.
Jetzt ist der größere Faktor dreistellig. Wir können aber nach dem gleichen Verfahren rechnen.

$$\begin{array}{r} 5\ 5\ 5 \times 6 \\ \hline 3\ 3\ 3\ 0 \\ \hline \end{array}$$

Wir schreiben und sprechen:
$6 \times 5 = 30$. Die 0 wird unter die 6 geschrieben, die 3 gemerkt. $6 \times 5 = 30$. Plus 3 gemerkt gibt 33. Die letzte 3 kommt links neben die 0, die erste 3 wird gemerkt. $6 \times 5 = 30$. Plus 3 gibt 33. Die letzte 3 kommt links neben die erste 3, die erste 3 von 33 links daneben. Das Ergebnis ist: $555 \times 6 = 3330$.

Wir setzen nun die Kontrollrechnungen zu den eingenommenen Geldern für die Klassenfahrt fort. Die am ersten Tag eingenommenen Gelder in Höhe von 126 € sind richtig.

Um die Einnahmen des zweiten und dritten Tages durch Multiplikation zu prüfen, müssen wir 18 mit einem *zweistelligen* Faktor multiplizieren. Das geht ähnlich wie bei einem einstelligen Faktor, nur müssen wir das Verfahren zweimal durchführen – einmal für die Zehner und einmal für die Einer (oder umgekehrt). Wir entwickeln den Rechnungsgang an der Kontrolle für den zweiten und dritten Tag.

Am zweiten Tag hatten 11 Kinder bezahlt. Es müssen also 11 × 18 € eingegangen sein. Natürlich können wir dies auch im Kopf berechnen, wollen aber ein Verfahren entwickeln, das uns auch bei schwierigeren Aufgaben hilft und an das Multiplizieren mit einem einstelligen Faktor anschließt.

1 8 × 1 1	**1. Schritt:** Wir schreiben die Aufgabe wieder so, dass der kleinere Faktor rechts steht.
1 8 × 1 1 1 8	**2. Schritt:** Wir multiplizieren die 18 mit der Zehner-Eins und schreiben das Ergebnis unter die 10er-Eins von 11.
1 8	**3. Schritt:** Wir multiplizieren die 18 mit der Einer-Eins und schreiben Einer unter Einer.
1 9 8	**4. Schritt:** Wir addieren die beiden Zwischenergebnisse und bedenken dabei, dass die erste 18 durch ihre Stellung tatsächlich 180 meint, die zweite meint wirklich 18.

1 8 × 1 2 1 8 3 6 2 1 6	Bei der dritten Kontrollrechnung ist das Verfahren wie im vorangehenden Fall. Versuche selber, die Schritte durchzuführen und sie zu beschreiben.

Insgesamt erhält die Lehrerin für die Reisekasse:

	1 2 6 €
+	2 1 6 €
+	1 9 8 €
	5 4 0 €

Um einen solchen Geldbetrag zu *zählen*, sortiert man – wie es schon beschrieben wurde – nach dem Wert der Scheine. Hat jedes Kind mit 1 Zehner und 8 Einern bezahlt, müssen am ersten Tag 7 × 8 = 56 Einer und 7 × 1 = 7 Zehner eingegangen sein. Damit die Lehrerin nicht zu viele Scheine einstecken muss, wechselt sie in der Wechselkasse (aus der das Rechengeld geholt wurde). Zunächst wechselt sie die 56 Einer in 5 Zehner und 6 Einer. Sie hat nun 7 + 5 = 12 Zehner. 10 davon wechselt sie in 1 Hunderter. Nun hat sie 1 Hunderter, 2 Zehner und 6 Einer, insgesamt also 126 €.

Dieser Handlungsablauf spiegelt das schriftliche Multiplikationsverfahren zunächst mit einem einstelligen und dann mit einem zweistelligen Multiplikator.

Der mathematische *Grundgedanke* dieses Verfahrens besteht in der Anwendung des *Verteilungsgesetzes* – das hier aber noch nicht besprochen, sondern naiv angewandt wird, indem wir rechnen:

$57 \times 43 = (50 + 7) \times (40 + 3) = (40 \times 7 + 40 \times 50) + (3 \times 7 + 3 \times 50)$

Die beiden rechten Klammern werden stellenrichtig untereinander geschrieben und dann addiert.

Übungen zum schriftlichen Multiplizieren

1.) Multipliziere wie in den Beispielen mit einem einstelligen Multiplikator:
   a) 14 × 2; 14 × 3; 14 × 4; 14 × 5
   b) 24 × 2; 24 × 3; 24 × 4; 24 × 5
   c) 34 × 2; 34 × 3; 34 × 4; 34 × 5
   d) 44 × 2; 44 × 3; 44 × 4; 44 × 5

2.) Multipliziere wie in den Beispielen mit einem zweistelligen Multiplikator:
   a) 14 × 12; 14 × 13; 14 × 14; 14 × 15
   b) 24 × 12; 24 × 13; 24 × 14; 24 × 15
   c) 34 × 12; 34 × 13; 34 × 14; 34 × 15
   d) 44 × 12; 44 × 13; 44 × 14; 44 × 15

3.) Multipliziere:
   a) 11 × 11; 12 × 12; 13 × 13; 14 × 14; 15 × 15; 16 × 16; 17 × 17; 18 × 18; 19 × 19; 20 × 20
   b) 11 × 12; 12 × 13; 13 × 14; 14 × 15; 15 × 16; 16 × 17; 17 × 18; 18× 19; 19 × 20

c) 25×4; 25×8; 25×12; 25×16; 25×20; 25×24; 25×28; 25×32

d) 25×5; 25×9; 25×13; 25×17; 25×21; 25×25; 25×29; 25×33

e) 25×6; 25×10; 25×14; 25×18; 25×22; 25×26; 25×30; 25×34

f) 25×7; 25×11; 25×15; 25×19; 25×23; 25×27; 25×31; 25×35

Für Englischlehrer

Das schriftliche Multiplizieren ist ebenfalls unserer Methode sehr ähnlich, nur schreibt man häufig Multiplikator und Multiplikand nicht nebeneinander, sondern untereinander: die kleinere Zahl unter die größere. Wegen der Fachausdrücke sollte man im Internet entsprechende Seiten nachsehen.[68]

Das schriftliche Dividieren

Das schriftliche Dividieren wird in der 3. Klasse allenfalls mit einem einstelligen Divisor oder überhaupt erst in der 4. Klasse eingeführt. Aus systematischen Gründen soll es aber hier im Zusammenhang mit den anderen Rechenoperationen dargestellt werden. Später werden wir hierauf zurückverweisen.

Beim schriftlichen Dividieren größerer Zahlen muss häufig eine Division mit Rest durchgeführt werden. Deshalb einige Anmerkungen dazu.

Division mit Rest

Früher hatte man die Division mit Rest gewöhnlich folgendermaßen geschrieben:

47 : 8 = 5 Rest 7.

Diese Schreibweise muss unter einem formalen Aspekt als problematisch betrachtet werden, weil es sich im mathematischen Sinn nicht um eine Gleichung handelt. Ihr Sinn ist zwar unmittelbar verständlich, aber kann nicht so behandelt werden, wie man es mit Gleichungen tun kann: Wenn man zwei solcher «Gleichungen» hat, darf man nicht entsprechende Seiten miteinander addieren oder voneinander subtrahieren etc. Eine mathematisch exakte Schreibweise für die (multiplikative) Zerlegung einer Zahl mit Rest ist:

$47 = 5 \times 8 + 7.$

Man zerlegt also die 47 in so vieler Achter wie möglich und addiert den verbleibenden Rest. Dies ist eine wirkliche Gleichung. Man kann sie lesen: 47 ist gleich 5 × 8 plus dem Rest 7.

Einige Übungen können die nicht aufgehenden Divisionen vertraut machen. Im Leben kommt es oft genug vor, dass eine Anzahl von Dingen, die an eine bestimmte Zahl verteilt werden sollen, einen Rest ergibt. Gib in den folgenden Aufgaben an, wie viel einer Anzahl gleichmäßig verteilt werden kann und welcher Rest bleibt. Schreibe das Ergebnis in der Weise, wie es unten in der Beispielaufgabe gezeigt ist.

Übungen zur Division mit Rest

Beispiel:

Die Schüler haben mit ihrem Lehrer in der Ackerbau-Epoche zusätzlich zum Weizenfeld ein Möhrenfeld angelegt. Von dort tragen 4 Schüler die 14 verwendeten Hacken zurück zur Schule. Jeder Schüler trägt 3 Hacken. Wie viele nimmt der Lehrer zusätzlich zu einigen liegengebliebenen Sachen mit?

Lösung:
14 Hacken verteilt zu je 3 an 4 Schüler lässt den Rest 2. Diese nimmt der Lehrer. Als Rechnung geschrieben: $14 = 4 \times 3 + 2$.

1.) Wie wären die entsprechenden Rechnungen bei:
   a) 26 Hacken und 8 Schülern?
   b) 19 Hacken und 6 Schülern?
   c) Wie ist es, wenn von 5 Schülern jeder 4 Geräte tragen kann und 23 Stück zur Schule zurückzutragen sind?
2.) Wie viele vollständige Paare kann man aus 21 gleichartigen Socken bilden?
3.) Die folgende reizvolle Aufgabe sollte mit dem Rechengeld zunächst praktisch in Variationen durchgeführt werden. Den ganzen Verteilungs- und Wechselvorgang kann man dann an der Tafel als Division mit Rest darstellen: 53,50 € sind als 5 Zehn-Euro-Scheine, 3 Euro-Stücke und 5 Zehn-Cent-Stücke gegeben. Wie kannst du den Betrag unter 3 Personen aufteilen, wenn du wechseln kannst? Bleibt ein Rest? Wenn ja, wie groß ist er?

Schriftliches Dividieren als Handlung

Wie gesagt, wird das schriftliche Dividieren in der 3. Klasse allenfalls mit einem einstelligen Divisor oder überhaupt erst in der 4. Klasse eingeführt. Wir stellen an einem Beispiel dar, wie eine einfache Division durch Handlungen eingeführt werden kann:

Es steht eine Kasse mit genügend €-Rechengeld zur Verfügung. Ein Kind, der *Kassenverwalter*, verwaltet diese Rechenkasse. Ein anderes Kind, der *Verteiler*, erhält den Auftrag, 258 € an 6 Kinder zu verteilen. Wir setzen sechs Kinder, die *Empfänger*, nebeneinander; ein Kind, der *Wechsler*, verwaltet die Wechselstelle. Wir unterscheiden sie von der Kasse. Durch das Wechseln darf dem Wechsler kein Geld verloren gehen, während der Verteiler am Ende möglichst wenig übrig behalten soll.

Der Verteiler erhält zunächst aus der Kasse die 258 €. Er beginnt mit den Hundertern. 2 Hunderter kann er nicht an

6 Kinder verteilen, deshalb wechselt er sie in 20 Zehner, sodass er nun insgesamt 25 Zehner besitzt. Von diesen gibt er jedem der 6 Kinder 4. 1 Zehner bleibt übrig, denn 25 = 6 × 4 + 1. Diesen 1 Zehner wechselt der Verteiler in 10 Einer, sodass er jetzt insgesamt 18 Einer besitzt. 18 Einer verteilt an 6 Empfänger gibt für jedes Kind 3 Einer. Es bleibt nichts übrig. Insgesamt hat also jedes der 6 Kinder 43 € erhalten:

258 € = 6 × 43 € + 0 oder

258 € : 6 = 43 €.

Dies wird an der Tafel und im Heft festgehalten.

Ähnliche Aufgaben werden nun in zahlreichen Variationen geübt – zunächst immer noch mit dem Kassenverwalter, den Empfängern, einem Verteiler und einem Wechsler.

Aufgabe und Ergebnis werden jeweils an der Tafel und in den Heften festgehalten – noch nicht aber der schrittweise Prozess.

Gegen Ende des Arbeitsteils blicken wir auf das Getane zurück und geben einen Vorblick auf die Frage: Wie kann man, was wir schrittweise getan haben, auch schrittweise aufschreiben?

Am nächsten Tag blicken wir auf das Getane wieder zurück, lassen vielleicht ein oder mehrere Kinder Aufgaben, die als Übungsaufgaben gestellt wurden, vorrechnen, besprechen Fragen, die gestellt werden, und kommen dann auf die angekündigte Frage zurück: Wie können wir das Getane aufschreiben – und nicht nur die Aufgabe und das Ergebnis?

Die schriftliche Darstellung

Der Grundgedanke des schriftlichen Rechenverfahrens ist einfach zu vermitteln, wenn zunächst mit Rechengeld gearbeitet wird:

1.) Verteile zuerst die wertvollsten Scheine, soweit es möglich ist.
2.) Wechsle, was nicht gleichmäßig zu verteilen ist, in Scheine der nächstkleineren Stufe. Verteile diese soweit wie möglich.
3.) Wechsle wieder, bis du zu den Einern kommst. Geht die Division auf, bleibt kein Rest.

Wie aber halten wir die einzelnen Rechenschritte schriftlich fest? Zunächst müssen wir natürlich die Aufgabe aufschreiben: Berechne 258 : 6 oder ausführlicher.

H	Z	E		E		Z	E
2	5	8	:	6	=	4	

Der Dividend, die Zahl, die zu teilen ist, besitzt 2 Hunderter, 5 Zehner und 8 Einer. Da 2 Hunderter nicht an 6 aufgeteilt werden können, wechseln wir sie gleich in Zehner. Das gibt 25 Zehner. Davon können wir jedem der 6 Kinder 4 geben. Diese 4 beschreibt die Verteilung der Zehner und wird als erstes Ergebnis in die Zehnerspalte des Ergebnisses aufgeschrieben.

	H	Z	E		E		Z	E
	2	5	8	:	6	=	4	
–	2	4	0					
		1	8					

Im nächsten Schritt berechnen wir den Rest, den wir nicht gleichmäßig verteilen konnten. Wir haben schon 6 × 40 = 240 verteilt. Diese 240 schreiben wir unter die 258 und ziehen ab, wie wir es beim schriftlichen Subtrahieren gelernt haben. Es ergibt sich der Rest 18.

	H	Z	E		E		Z	E
	2	5	8	:	6	=	4	3
–	2	4	0					
		1	8					
	–	1	8					
			0					

Den Zehner von 18 können wir nicht unter 6 verteilen. Deshalb wechseln wir ihn und erhalten 18 Einer, die wir ohne Rest an 6 verteilen können. Jeder bekommt 3. Das schreiben wir in die Einerspalte des Ergebnisses.

Wir haben also das Ergebnis erhalten: 258 : 6 = 43. Zur Kontrolle (Probe) multiplizieren wir das Ergebnis mit dem Divisor, also

43×6. Dabei erhalten wir wieder 258. Wir haben also mit großer Sicherheit richtig gerechnet.

Das Prüfen der Ergebnisse sollte für längere Zeit immer wieder auf diese Art durchgeführt werden.

Übungen zum schriftlichen Dividieren I

Schreibe wie im vorangehenden Beispiel die entsprechenden Stellen sorgfältig untereinander. Das sorgfältige Schreiben ist die erste Voraussetzung und die größte Hilfe für ein überschaubares und kontrollierbares Rechnen!

Berechne und kontrolliere anschließend durch *Multiplikation* des Ergebnisses mit dem Divisor:

Einstellige Divisoren

1.) 60 : 4
2.) 261 : 9
3.) 333 : 9
4.) 1080 : 5
5.) 1323 : 7
6.) 2664 : 8

Mehrstellige Divisoren

Auch wenn, wie gesagt, in der 3. Klasse die schriftliche Division allenfalls durch eine einstellige Zahl behandelt wird, fügen wir hier gleich die Division durch eine mehrstellige Zahl an. Letztlich muss jeder Lehrer selbst entscheiden, wann für ihn und die Klasse eine Erweiterung angemessen ist.

Prinzipiell handelt es sich um das gleiche Verfahren wie bei einem einstelligen Divisor. Bei einem zwei- oder mehrstelligen Divisor können wir aber nicht mehr ohne Weiteres Kinder in der entsprechenden Anzahl handeln lassen, wie es oben beschrieben wurde. Es muss also das konkrete Handeln jetzt in der Vorstellung (mental) vollzogen werden.

Wir führen das Verfahren wieder an einigen Beispielen durch.

Erstes Beispiel: Berechne 624 : 52
Zunächst schreiben wir die Aufgabe sorgfältig nach Stellen geordnet hin. Dann prüfen wir, wie viele Stellen des Dividenden wir benötigen, um eine erste Division vornehmen zu können. In unserem Beispiel genügen die ersten beiden Stellen.

Wir fragen im ersten Schritt: Wie oft geht 52 in 62? Die Antwort 1 schreiben wir an die *Zehnerstelle* des Ergebnisses, denn wir haben ja tatsächlich 620 durch 52 (mit Rest) geteilt.

H	Z	E		Z	E		Z	E
6	2	4	:	5	2	=	1	

Im zweiten Schritt berechnen wir durch Subtraktion den verbleibenden Rest. Er beträgt 104.

	H	Z	E		Z	E		Z	E
	6	2	4	:	5	2	=	1	
–	5	2	0						
	1	0	4						

104 durch 52 dividiert ergibt 2. Wir schreiben die 2 an die *Einerstelle* des Ergebnisses. Das Ergebnis ist also 624 : 52 = 12

H	Z	E		Z	E		Z	E
6	2	4	:	5	2	=	1	2
5	2	0						
1	0	4						
1	0	4						
		0						

Eine Folge gemeinsam gelöster weiterer Beispiele kann die Beherrschung des Verfahrens festigen. Dabei werden wir die einzelnen Schritte nicht mehr getrennt aufführen, sondern das schrittweise Vorgehen in einer Rechnung zeigen.

Zweites Beispiel: Berechne 615 : 15

	H	Z	E		Z	E		Z	E
	6	1	5	:	1	5	=	4	1
–	6	0	0						
		1	5						
–		1	5						
			0						

Drittes Beispiel: Berechne 497 : 71

	H	Z	E		Z	E		Z	E
	4	9	7	:	7	1	=		7
–	4	9	7						
			0						

Das Besondere an diesem dritten Beispiel ist, dass der zweistellige Divisor 71 nicht in die ersten zwei Stellen 49 des Dividenden geht, wir also gleich mit den drei Stellen von 497 beginnen müssen. Wir können aber das Ergebnis *abschätzen*. Dazu lassen wir die beiden letzten Stellen von Divisor und Dividenden weg und rechnen 49 : 7. Das ergibt 7. Nun prüfen wir, ob 7 × 71 tatsächlich den Rest Null ergibt. Das trifft in diesem Fall zu.

Überhaupt ist das Verfahren, bei einer Division größerer Zahlen das Ergebnis dadurch abzuschätzen, dass man gleich viele Stellen – rechts mit den Einern beginnend – zunächst unberücksichtigt lässt, von großem Nutzen. Natürlich muss aber die Schätzung nicht immer sofort zum richtigen Ergebnis führen.

Es ist sehr zu empfehlen, solche Schätzübungen / Überschlagsrechnungen immer wieder durchzuführen. Speziell bei der späteren Verwendung von Rechnern können nur durch vorausgehende oder nachfolgende Schätzungen fehlerhafte Ergebnisse rasch erkannt werden. Deshalb füge ich einige Übungen dazu ein:

Übungen zum Schätzen bei Divisionen

1.) Schätze das Ergebnis auf die erste Stelle. Das genaue Ergebnis ist in Klammern angegeben.

a) 231 : 33 (= 7) 147 : 21 (= 7)

b) 256 : 32 (= 8) 369 : 41 (= 9)

c) 576 : 72 (= 8) 153 : 51 (= 3)

Will man aber beispielsweise 817 : 19 abschätzen, würde die Schätzung 81 : 1 wenig helfen. Hier sollte man aufrunden: 817 : 19 ≈ 82 : 2 ≈ 40 (Wenn man nur den vollen Zehner schätzen will.)

2.) Wie die 1. Aufgabe. Runde, wo es sinnvoll:

a) 323 : 19 (= 17)

b) 432 : 18 (= 24)

c) 527 : 31 (= 17)

d) 512 : 32 (= 16)

e) 779 : 41 (= 19)

f) 450 : 15 (= 30)

g) 870 : 29 (= 30)

Wir fahren nun noch für die *4. und 5. Klasse* in der Darstellung des schriftlichen Divisionsverfahrens fort. Es ist praktisch in der gleichen Art auch für größere Zahlen geeignet. Selbst wenn schon Rechner zur Verfügung stehen, sollte es auch in höheren Klassen immer wieder geübt werden. Zunächst wird es bei der Umwandlung von gewöhnlichen Brüchen in Dezimalbrüche in der 4. und 5. Klasse verwendet. Später führt es zum Beispiel zu der Division von Polynomen.

Drei durchgeführte Beispiele für größere Zahlen erläutern das Verfahren:

Erstes Beispiel:

```
  1 8 1 9 : 1 7 = 1 0 7
- 1 7 ↓ ↓
-------
    1 1
  - 0 0
  -----
    1 1 9
  - 1 1 9
  -------
        0
```

Hier taucht im zweiten Schritt das Problem auf, dass eine Division – nämlich 11 : 17 – nicht ausführbar ist. Deshalb muss in der Zehnerspalte des Ergebnisses eine 0 stehen. Im nächsten Schritt wird dann die 9 berücksichtigt (heruntergeholt).

Zweites Beispiel:

```
  1 2 0 7 : 1 7 = 7 1
- 1 1 9 ↓
---------
      1 7
    - 1 7
    -----
        0
```

Hier besteht zunächst das Problem, dass die ersten zwei Ziffern nicht durch den Divisor teilbar sind. Deshalb muss sofort mit den ersten drei Stellen des Dividenden begonnen werden.

Drittes Beispiel:

```
  8 7 6 3 3 : 2 7 3 = 3 2 1
- 8 1 9 ↓ ↓
---------
    5 7 3
  - 5 4 6
  -------
      2 7 3
    - 2 7 3
    -------
          0
```

Im letzten Beispiel wurden größere Zahlen als bisher verwendet. Hier sind bei den schrittweisen Divisionen die erläuterten Abschätzungen eine wichtige Hilfe.

Auch hier geht es wie beim anfänglichen schriftlichen Dividieren mit einem einstelligen Divisor darum, schrittweise vom Dividenden – von links beginnend – so mit Rest zu teilen, dass eine einstellige ganze Zahl entsteht, die an entsprechender Stelle im Ergebnis eingetragen wird. Durch das schrittweise Vorgehen hat man es immer nur mit solchen Zahlen zu tun, die allenfalls eine Stelle mehr als der Divisor haben.

Übungen zum schriftlichen Dividieren II

Achte besonders auf eine genaue Schreibweise.

1.) 64 : 32
2.) 96 : 48
3.) 72 : 24
4.) 624 : 52
5.) 792 : 44
6.) 798 : 14
7.) 1176 : 21
8.) 1568 : 16
9.) 3666 : 78

Weitere Übungen zur Arbeit mit mehrstelligen Divisoren und auch mit Dezimalzahlen finden sich im Folgeband dieser Reihe für die Klassen 4 und 5.

Für Englischlehrer

Im englischen Sprachraum wird die schriftliche Division (*long division*) überraschend anders als im Deutschen geschrieben. Auch wenn der mathematische Grundgedanke derselbe ist, sind Austauschschüler – in beiden Richtungen – von der unbekannten Schreibweise überrascht und zunächst hilflos. Ist z.B. 413 ÷ 7 zu berechnen, wird die Aufgabe so geschrieben:

```
7)4 1 3
```

Der Divisor kommt *links* neben den Dividenden. Statt der uns bekannten Divisionszeichen wird – nur hier – eine Art *Klammer* mit Querbalken verwendet. Das Ergebnis wird dann *über* dem Dividenden geschrieben.

```
   5
7)4 1 3
```

Es wird nun – wie im Deutschen – die kürzeste Ziffernfolge von links gesucht, die durch 7 teilbar ist. Das ist 41. Der ganzzahlige Anteil von 41 ÷ 7 ist 5. Die 5 kommt über die 1 in die Ergebniszeile oben.

```
      5 9
   7)4 1 3
 - 3 5
      6 3
 -    6 3
        0
```

5 × 7 = 35. Um den Rest zu bestimmen, wird wie bei uns 35 von der 41 abgezogen. Die Differenz 6 wird durch die 3 zur 63 ergänzt und durch 7 geteilt. Das Ergebnis 9 kommt über dem Dividenden an die Einerstelle und es wird geprüft, ob ein Rest bleibt. In unserem Fall ist er Null. Insgesamt erhalten wir also 413 ÷ 7 = 59.

Wie in allen anderen Fällen ist es zu empfehlen, beim englischen Wikipedia oder an anderen Stellen die zugehörige Terminologie auf Englisch zu suchen und das Verfahren in der englischen Sprache zu behandeln. Klassenlehrer wie Englischlehrer mögen auch bedenken, wie viel interessanter der Englischunterricht durch die Mathematik für diejenigen Schüler wird, die ein stärkeres Interesse an Zahlen als an vielen Erzählungen haben, und die Mathematik gehört auch zur angelsächsischen Kulturwelt!

Zur inneren Differenzierung des Unterrichts gehört, besonders fähigen Kindern nicht nur Standardverfahren sondern auch Alternativen anzubieten. Hier soll nur auf einige Beispiele hingewiesen werden:[69]

Beim schriftlichen Addieren sind im Prinzip immer nur Einer zu addieren, auch wenn sie tatsächlich Zehner, Hunderter, ... bedeuten. Betrachten wir als Beispiel die Addition der folgenden Zahlen, die sich etwa aus einer Handwerkerrechnung ergeben können:

Zt	T	H	Z	E
	4	1	5	2
	3	9	8	7
	2	4	1	8
	6	7	1	5
	5	4	6	3
	2	7	1	6
2	3	2	3	
2	5	4	5	1

In der vorletzten Zeile steht der Übertrag, in der untersten die Summe (das Ergebnis).

Um nun die Einer möglichst geschickt zu addieren, suchen wir eine Zahl, die wir aus den Einern möglichst oft erzeugen können. In unserem Fall könnte das die 9 sein: 2 +7 ergeben 9 und ebenso 3 + 6. Wir haben also 2 Neuner gebildet. $2 \times 9 = 18$. Dazu kommen die nicht zu einer 9 zusammengefassten Zahlen, nämlich $5 + 8 = 13$; $18 + 13 = 31$. Die 1 wird in die Einerspalte geschrieben, die 3 in die Zehnerspalte in der Übertragszeile.

Nun wenden wir uns der Zehnerspalte zu. Dort können wir gut 10er bilden:

$6 + 1 + 3 = 10$ und $8 + 1 + 1 = 10$; dann haben wir $2 \times 10 = 20$. Dazu ist die 5 zu addieren. Insgesamt erhalten wir also $20 + 5 =$

25. Die 5 wird in die Ergebniszeile an der Zehnerstelle eingetragen, die 2 in die Übertragszeile an der Hunderterstelle.

In der Hunderterspalte können wir recht gut die 11 wählen. Wir erhalten 7 + 4 = 11 und nochmals 7 + 4 = 11 und 2 + 9 = 11. Die 1 wurde nicht erfasst. Insgesamt haben wir also 3 × 11 = 33; dazu kommt die nicht erfasste 1. Insgesamt erhalten wir also 33 + 1 = 34. Die 4 wird in der Ergebniszeile in die Hunderterspalte geschrieben. Die 3 kommt als Übertrag in die Tausenderspalte.

In der Tausenderspalte lassen sich Zehner bilden: 3 + 2 + 5 = 10 und 6 + 4 = 10. Nicht erfasst werden 3 + 2 = 5. Wir haben also insgesamt 2 × 10 + 5 = 25. Die 5 wird in die Ergebniszeile an die Tausenderstelle geschrieben, die 2 in die Übertragszeile an die Zehntausenderstelle.

Insgesamt erhalten wir also als Summe: 25.451.

Es ist fast selbstverständlich, dass für einige Zeit dieses Verfahren viel langsamer geht als das gewohnte Aufaddieren. Das tut nichts. Dafür gewinnen die Kinder individuelle Freiheiten und entwickeln eine größere denkerische Beweglichkeit. Diese Beweglichkeit wird auch erkennen lassen, wo es sich lohnt, dieses Verfahren anzuwenden und wo es sich nicht lohnt. Es geht also in erster Linie nicht darum, für alle Fälle eine größere Schnelligkeit zu erzielen, sondern vor allem Beweglichkeit. Es darf nur nicht von allen Kindern verlangt werden, dass sie dieses Verfahren frei anwenden können, aber alle sollten wenigstens diejenigen Ziffern entdecken, die sich auf einen vollen Zehner ergänzen.

Übungen zu vorteilhaftem Rechnen

1.) Schreibe die 10 aufeinanderfolgenden Zahlen von 11 bis 20 untereinander und addiere sie.
2.) Dasselbe für die Zahlen von 21 bis 30.
3.) Dasselbe für die Zahlen von 21 bis 28.
4.) Dasselbe für die Zahlen von 36 bis 45.
5.) Dasselbe für die Zahlen von 36 bis 46.

6.) Dasselbe für die Zahlen von 36 bis 47.
7.) Dasselbe für die Zahlen von 36 bis 48.
8.) Was ist der Unterschied zwischen den Aufgaben mit einer geraden Anzahl von Summanden und denjenigen mit einer ungeraden?
9.) Bilde selber drei ähnliche Aufgaben und löse sie. Lass die Lösungen vom Nachbarn prüfen.
10.) Addiere alle *geraden* Zahlen von 22 bis 32.

Fantasie- und Gedächtnispflege im Mathematikunterricht

Als eine der seelischen Grundpolaritäten, auf die in einer aktiv ausgeübten Erziehungskunst im Sinn der Waldorfpädagogik geachtet wird, werden die Pflege des Gedächtnisses auf der einen Seite und einer geregelten produktiven Fantasie auf der anderen betrachtet. Gedächtnisforderungen, die selbstverständlich zum schulischen Lernen gehören, können durch eine fantasievolle Unterrichtsgestaltung, die nicht einseitig reproduktive, sondern vor allem produktive Fähigkeiten verlangt, in ein gesundes Verhältnis gebracht werden. Es gehört zu den grundlegenden Einsichten der anthroposophischen Menschenkunde, dass das Ansprechen dieser beiden seelischen Gegenkräfte unterschiedliche physiologische Wirkungen – bis in das physische Wachstum hinein – haben. Die Kenntnis und Berücksichtigung dieser menschenkundlichen Verhältnisse kann dem Unterrichtenden einen Aspekt seiner Tätigkeit geben, der gewöhnlich nicht berücksichtigt wird. Nicht nur durch zu langes Sitzen, falsche Beleuchtung oder unzureichende Durchlüftung – also durch nicht unmittelbar pädagogische Einflüssen – kann die Entwicklung eines Kindes Schaden nehmen, sondern auch durch einseitige Gedächtnis- oder Fantasieforderungen. Ein gesundes seelisches Atmen zwischen gedächtnis- und fantasieanregenden Leistungen, aber auch zwischen Ernst und Humor wirkt wie ein gut durchlüfteter Raum stärkend und belebend.

Was für die methodische Handhabung gesagt wurde, gilt aber auch für die Wirkung der einzelnen Fächer auf das Kind: Eine intensive Rechenstunde wirkt anders auf die Kinder als etwa das Ausmalen schöner geometrischer Formen. Im ersten Fall werden sich die Kinder seelisch stärker mit dem Hier und Jetzt verbinden, im anderen Fall wird diese Verbindung etwas gelöst. Man spricht von der inkarnierenden und exkarnierenden Wirkung unterschiedlicher Tätigkeiten. Genaueres kann zum Beispiel bei Steiner gefunden werden.[70] Kann die Bedeutung solcher Angaben wirklich *gedacht* und *empfunden* anstatt nur den Worten nach gewusst werden, ergibt sich ein begeisterndes Feld für die tägliche Unterrichtspraxis. Unterricht erhält durch sich selbst noch eine andere Beziehung zur Wirklichkeit als nur durch den vermittelten Stoff oder die eingeübten Fähigkeiten.

In den folgenden Abschnitten ist ein bescheidenes Spektrum möglicher Anregungen gegeben, die im angeführten Sinn verwendet werden können, aber sich natürlich durch eigene Beispiele erweitern lassen.

Rechenspiele

Bei sogenannten Rechenspielen soll vor allem die Aktivität der Kinder im Vordergrund stehen. Außer den zahlreichen Online-Lernprogrammen zur Mathematik gibt es Übungen, die den Kindern oft Freude machen und den Umgang mit Zahlen anregen. Zu unterscheiden sind dabei diejenigen Spiele, die Rechentätigkeiten allgemein den Kindern seelisch nahebringen, und diejenigen, die die Rechenfähigkeiten selbst fördern sollen.

Als Beispiel für die erste Art greifen wir unten im Abschnitt «Zahlenrhythmen als Vorbereitung für das Bruchrechnen» die rhythmische Zahlenarbeit der ersten Schuljahre in neuer Form auf.

Als Beispiel für die zweite Art geben wir eine Reihe von Beispielen aus Horst Karaschewskis Buch *Wesen und Weg des ganzheitlichen Rechenunterrichts* wieder.[71] Das gibt auch Gelegenheit, auf diesen weitgehend vergessenen Mathematikdidaktiker hinzuweisen, der in seinen Büchern über einen ganzheitlichen Rechenunterricht viele wertvolle Hinweise für den Unterricht gegeben hat, die auch heute noch hilfreich sein können.

Allgemeines

Rechenspiele dürfen keine sich stets gleichbleibende Arbeit bewirken. Man darf sie nicht nur einmal und dann nie wieder spielen wollen. Gerade durch ihre Variabilität können sie geistige Situationen schaffen, die sonst nirgends in solcher Vielfalt und Reinheit anzutreffen sind.

Man kann natürlich nicht etwa den ganzen Rechenlehrgang «spielend» bewältigen. Das Kind darf sich ans Spiel verlieren, für den Lehrer dagegen ist es nur ein Lernmittel unter vielen, das pädagogisch gelenkt und didaktisch analysiert sein will.[72]

Der «Zaunkönig»

Man erzählt zunächst die Zaunköniggeschichte:[73]
Die Vögel wollten einen König wählen. Derjenige sollte es werden, der eine außergewöhnliche Leistung vollbrächte, nämlich einen Höhenflug. Wer dabei die größte Höhe erreichte, sollte König sein. – Nun gab es einen ebenso kleinen und unscheinbaren wie ehrgeizigen Vogel, der sich unbemerkt auf den Rücken des Adlers setzte, und als der Adler über alles Lob erhaben seinen höchsten Punkt erreicht zu haben glaubte, sprang dieses kleine Vögelchen von seinem Rücken und flog noch ein paar Zentimeter höher. – Unten angekommen, forderte er nun

tatsächlich die Königswürde mit den Worten: «König bin *ich*, König bin *ich*!»

Natürlich wurde eine solche «Königsleistung» nicht anerkannt, die darin bestand, sich auf den Schultern eines anderen zu beträchtlichen Höhen emportragen zu lassen. Im Gegenteil: Er wurde verlacht, verspottet, verachtet und sogar beschimpft. Nun ist er sehr scheu und versteckt sich nahezu unauffindbar in Hecken. *Zaunkönig* nennen sie ihn daher jetzt alle.

Das war die Stufe des «Bildes»: In die Arbeit und Übung muss das Kind vielfach erst hineingelockt werden, weil nicht gleich Verstehensprobleme reizen können.

7, 3, 5, 11, 8, 18 ist eine «Hecke», in der *wir* den Zaunkönig suchen wollen. Das Spielmoment ist stark genug, um die Kinder zu fesseln, wenn nur der Regelzusammenhang hinreichend klar geworden ist. – Dieser besteht darin, dass man an jeder Stelle nur einmal suchen darf, jede Zahl also nur einmal in Gebrauch nimmt; und zwar soll man die Zahlen mit dem gerade ausgerechneten Ergebnis durch +, –, ×, : verbinden. Im Übrigen erklärt man Spielregeln nicht durch vieles Reden, sondern durch Spielen.

Beim «Suchen» in der «Hecke» 7, 3, 11, 5, 8, 18 sind nichtaufgehende Divisionen sowie negative Rechenergebnisse verboten. Die Null darf nur als End-, aber nicht als Zwischenergebnis vorkommen. *Ziel ist es, nach dem «Durchsuchen» als letzte eine möglichst kleine Zahl, eben den «Zaunkönig», zu erhalten.*

		7	3	11	5	8	18
I.	Versuch:	2.	1.	6.	4.	5.	3.
II.	Versuch	4.	6.	1.	5.	2.	3.
III.	Versuch	4.	2.	5.	6.	3.	1.

Bei den Versuchen I, II und III nimmt man die Heckenzahlen in der Reihenfolge der darunterstehenden Ordnungszahlen.

I. Versuch	II. Versuch	III. Versuch
3 × 7 = 21 21 – 18 = 3 3 + 5 = 8 8 : 8 = 1 1 × 11 = 11	11 + 8 = 19 19 – 18 = 1 1 + 7 = 8 8 – 5 = 3 3 : 3 = 1	18 : 3 = 6 6 × 8 = 48 48 + 7 = 55 55 : 11 = 5 5 – 5 = 0
11 ist gewiss nicht der Zaunkönig. Man wird daher ein zweites Mal versuchen müssen.	1 könnte der Zaunkönig sein. Aber vielleicht kann man auch die Null errechnen?	Null ist der Zaunkönig!

So weit der Text von Horst Karaschewski. Im Weiteren unterzieht er das Beispiel einer didaktischen Analyse, die eine Reihe wichtiger Aspekte solcher Rechenspiele behandelt.

Variationen des Zaunkönigspiels können leicht selber entwickelt werden:

1.) Zunächst kann man mit einfacheren Rechenspielen beginnen, indem man nur addieren und subtrahieren lässt. Beispiele:

   Fangen: Es gibt *Fliehende* und *Fänger*. Können die Zahlen 2, 3, 5, 8 als Fänger gemeinsam andere Zahlen erwischen? Als Regel gilt, dass jeder Fänger genau einmal mitmachen muss und sich durch Addieren oder Subtrahieren möglichst geschickt beim Fangen beteiligt. Die Fänger sind für alle Kinder sichtbar an die Tafel geschrieben. Das Prinzip wird dann noch mit einer fliehenden Zahl (zum Beispiel 12) verdeutlicht: «Achtung, die 12 möchte entfliehen! Wie kann sie gefangen werden? – Mit der Rechenreihe 8 + 5 – 3 +2 wird sie erwischt!»

   Erweiterung:

   Die Zahlen zwischen 10 und 18 wollen fliehen. Wie können sie gefangen werden? Welche Zahlen entkommen den Fängern?[74]

   Sind die Fänger in ihrer Funktion genügend klar von den

Fliehenden zu trennen, dann können auch Zahlen doppelt vorkommen. Die Fänger aus 1. sollen die Fliehenden 14; 12; 10; 8; 5; 4; 3; 2 einfangen. Achtung: Bei der Jagd auf die 8 müssen sich wieder alle Fänger – neben 2; 3; und 5 also auch die 8 selbst – genau einmal beteiligen!
(Beispiel: 8 = 7 + 8 – 3 – 2. Die 8 ist gefangen! Es gelingt aber nicht, die 5 zu fangen!)
Dasselbe für die Fänger 3, 5, 7, 8 und die weglaufenden Zahlen 17, 15, 13, 9, 7, 3, 2, 1.

2.) Beim *Haschen*[75] spielen zwei Schüler zusammen. A startet bei 100 (oder einer anderen Zahl) und darf nur subtrahieren. B beginnt bei Null und darf nur addieren. Sie müssen sich in Sprüngen von mindestens 2 bis höchstens 15 aufeinander zubewegen. Wer bei der Begegnung das Feld besetzt, auf dem der andere gerade steht, hat gewonnen.

3.) Wählt man die Sprunggrenzen so, dass sich von ihrer Summe im Kopf leicht Vielfache bilden lassen, werden findige Schüler von selbst die Gewinnstrategie entdecken.[76]

4.) Lässt man – wie beim Zaunkönig – alle vier Grundrechenarten zu, wachsen im Allgemeinen auch die Möglichkeiten, aus einer Reihe von Zahlen andere Zahlen zu bilden. Nehmen wir einige Beispiele nach Karaschewski:[77]

   a) Mit den vorgegebenen Zahlen soll bei gleichen Regeln eine Zahl zwischen 200 und 210 gefunden werden. Karaschewski nennt diese Aufgabe *Hasenjagd*. Ist eine der Zahlen erreicht, ist diese Zahl erlegt. Wer kann am meisten von diesen Zahlen erlegen? Heute nennen wir es *Finden eines Ostereies* oder *Schatzsuche*: Der Schatz ist in der Höhle zwischen 200 und 210 versteckt. Auch hier werden wir anfangs überschaubare Zahlen wählen, bis das Spiel von allen gekonnt wird.

   b) *Kreiseltreiben* (Abbildung 39): Mit der 13 wird angefangen. Sodann soll nach der Art des Zaunkönigs der Reihe nach mit den Zahlen 9, 7, 4, 13, 9, 7, 4, 13, 9, … und so weiter gerechnet werden, bis man 60, die Zahl in der Mitte,

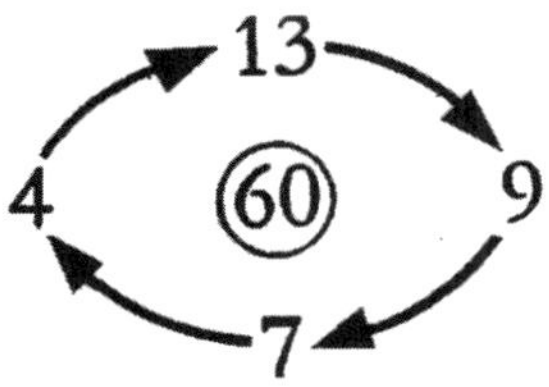

Abb. 39: Kreiseltreiben

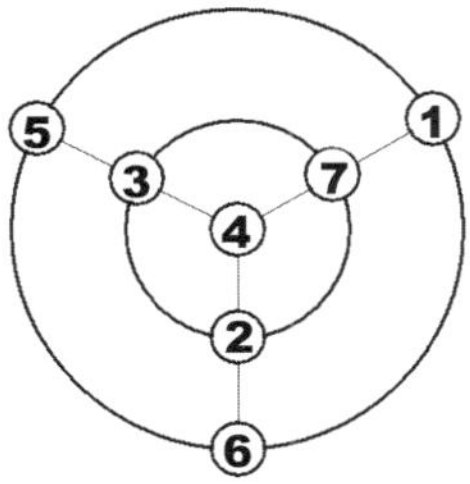

Abb. 40: Rechenspinne

erhält. Dann schnurrt der Kreisel kerzengerade, und das Kreiseltreiben[78] ist beendet. Weil rechenschwache Kinder durch ratloses Herumirren um die 60 leicht frustriert werden, können dafür auch handlichere Zahlenreihen bereitgestellt werden, die der Lehrer vorher getestet hat (ein sehr einfaches Beispiel ist die Reihe 2; 5; 4; 3).
Gewonnen hat entweder, wer am schnellsten die 60 erhalten hat, oder wer die 60 mit den wenigsten Rechnungen herausbringt – gleichgültig, wie schnell.

5.) Rechenspinnen:[79]

a) Die Zwölferspinne baut sich ihr Netz aus 3 Speichen (oder Strahlen), 2 Ringen und dem Knoten in der Mitte (siehe Abbildung 40). Sie nummeriert alle Kreuzungspunkte mit den Zahlen 1 bis 7 durch. Sie ist aber erst zufrieden, wenn das Netz perfekt ist: In jedem Ring und jedem Strahl will sie als Summe ihre eigene 12 wieder sehen. Wie kann sie die Nummern verteilen, damit dies gelingt?
b) Die Kinder zeichnen sich das Spinnennetz mit kleinen Kreisen an den Knoten. Es empfiehlt sich, die Zahlen zunächst auf kleine Marken zu schreiben, die sich leicht hin- und herschieben lassen.
c) Die 42er-Spinne nummeriert von 11 bis 17. Hilf ihr zu ihrem perfekten Netz.
d) Variationen: Eine größere Spinne nummeriert von 21 bis 27. Wie heißt sie? Entsprechendes für die Zahlen 31 bis 37.

e) Entdecken die Schüler mit dem Tun die Gesetzmäßigkeit und finden so zu einer wirksamen Strategie?[80]
f) Welches wäre die richtige Anordnung der Zahlen von 6 bis 12 oder 10 bis 16?
g) Wie muss man die (ungeraden) Zahlen 1, 3, 5, 7, 9, 11, 13 anordnen, um entsprechende Ergebnisse zu bekommen?

Alle derartigen Aufgaben sind – wenn verstanden wurde, worum es geht – als Suchaufgaben für die Stillarbeit oder als Hausaufgaben geeignet.

6.) Abbildung 41 zeigt ein vierstrahliges Netz mit den Zahlen 1 bis 9. Es ist entsprechend wie das dreistrahlige Netz aufgebaut, wobei nun aber die Speichen wie ein Durchmesser behandelt werden. Bei der Summe über den Mittelpunkt hinweg wird dieser aber nicht mitgezählt.

7.)

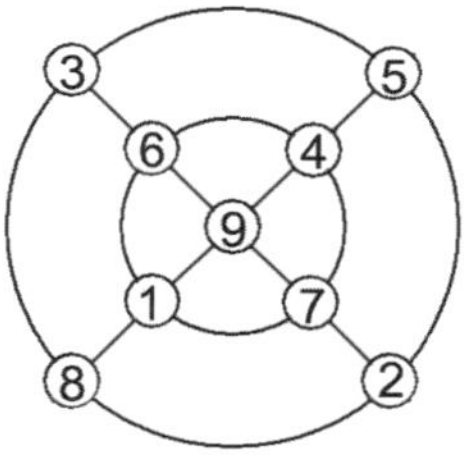

Abb. 41: Vierbeinige Spinne

8.) Für manche Schüler sind auch die bekannten magischen Quadrate sehr anregend, bei denen die Summen der Zeilen, Spalten und Diagonalen immer gleich sind (Abbildung 42).

8	3	4
1	5	9
6	7	2

Abb. 42: Magisches Quadrat

Zahlenrhythmen als Vorbereitung für das Bruchrechnen

Wenn der Mathematikunterricht in den ersten Klassen im Sinne der Anregungen Rudolf Steiners gegeben wurde, wurden die Zahlen vielfach mit Bewegungen verbunden. Die Kinder sind also gegen Ende der 3. Klasse – nicht zuletzt auch durch Bewegungsspiele, durch rhythmische und eurythmische Übungen, durch die Musik und eben auch durch den Mathematikunterricht – gut vorbereitet, die Zahlenrhythmen selber zum Gegenstand mathematischer Betrachtungen zu machen.

Ein möglicher Anfang kann mit einfachen Erzählungen gemacht werden, die zum Rechnen mit Rhythmen hinleiten. Ich gebe zwei Beispiele dafür. Am schönsten ist es aber natürlich, wenn der Lehrer selber solche Geschichten erfindet!

Der König mit den springenden Pferden

In einem Land, fern von hier, lebte einmal ein König mit seinen Rittern auf einer Insel. Diese Insel lag nicht im Meer, nicht in einem See, nicht in einem Fluss, sie lag in einer weiten Steppe. Man konnte von einem *Grasmeer* sprechen. Darin erstreckte sich in einer flachen Senke ein großer Sumpf, aus dem ein hoher Fels emporragte. Und genau auf diesem hatte der König seine feste Burg errichtet.

Nun könnt ihr euch denken, dass ein König, dessen Burg von einer großen Grassteppe umgeben ist, ganz besonders edle Pferde besitzt. Wegen ihrer besonderen Eigenschaften hatte er über den Sumpf, der sich zunächst an den Königsfelsen anschloss, auch keine gewöhnliche Brücke gebaut, sondern nur starke Pfeiler. Mit ihnen hatte es folgende Bewandtnis:

Abb. 43: Der König mit den springenden Pferden

Es hauste in diesem Sumpf eine gefährliche Drachenbrut. Eben deswegen hatten die Menschen, die in den Dörfern hinter dem Sumpf wohnten, den König einst gebeten, ihnen zu helfen. Und so war er hierher gezogen. Der Sumpf war für ihn zugleich Schutz und Gefahr. Bis der König kam, hatte die Drachenbrut den Felsen als den ihren betrachtet – wer wollte es ihnen auch verdenken! Weil sie aber Raubzüge zu den Menschen unternahmen, wollte der König sie bekämpfen. Zunächst hatte er sich mit seinen Rittern und Knechten in flachen Booten durch den Sumpf kämpfen müssen. Immer wieder versuchten die Drachen, ein Boot umzustürzen oder einen Menschen herunterzureißen. Der Felsen war ihr Lieblingsplatz. Da das Sonnenlicht ihnen aber schadete, krochen sie nur bei Nacht hinauf, und am liebsten ließen sie sich bei Vollmond die Bäuche bescheinen.

Als die königliche Schar mit ihren Vorräten, Zelten und Werkzeugen glücklich angelangt waren, befahl der König sogleich, mächtige Pfeiler aus dem Felsen zu schlagen und Stück für Stück im Sumpf aufzurichten. Es war eine lange und mühselige Arbeit, aber schließlich war sie getan – auch weil viele Hände aus den ringsum liegenden Dörfern gerne halfen.

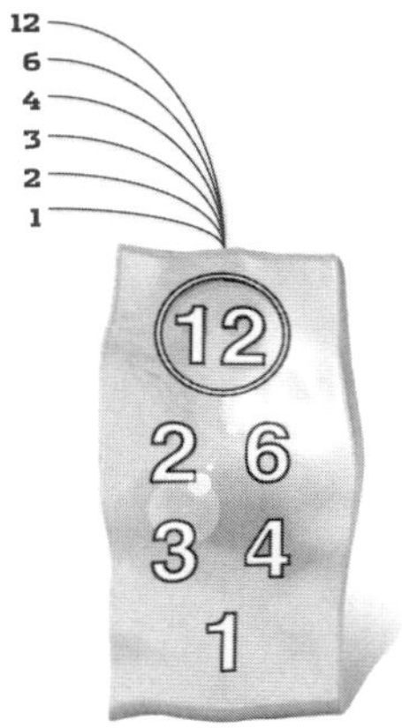

Abb. 44: Der 12er-Pfeiler

Sicher werdet ihr denken, dass der König nun von Pfeiler zu Pfeiler Bohlen legen würde, damit man auf diesem breiten Steg ungefährdet auf das feste Land gelangen könnte. Das war aber gar nicht nötig, denn er besaß ja ganz besondere Pferde, die vor allem wunderbar springen konnten. Und so baute der König keine Brücke, sondern setzte nur die Pfeiler.

Wenn die jungen Pferde als Fohlen zur Welt kamen, konnten sie schon im Lauf der ersten Woche von Pfeiler zu Pfeiler springen: 1, 2, 3, … In der zweiten Woche konnten sie schon springen: 2, 4, 6, … Und mit jeder Woche gelang ihnen ein weiterer Sprung: in der dritten 3, 6, 9, … und so fort.

Die Drachenbrut hasste den König und seine Scharen. Mit ihren scharfen Klauen, den Zähnen und ihren Schwänzen, die wie Sägen gebildet waren, versuchten sie die Pfeiler anzukratzen, anzubeißen und anzusägen. Wie ihr aber vielleicht schon wisst, gibt es nichts Böses auf der Welt, gegen das es nicht ein stärkeres Gutes gibt. So war es auch hier. Die Pferde waren nämlich nicht nur ausgezeichnete Springer, sondern ihre Hufe verwandelten sich im Sonnenlicht immer mehr zu reinem Gold. Wenn sie geboren waren, hatten sie noch Hufe wie jedes Fohlen. Wurden sie aber von der Sonne beschienen, so verwandelten sie sich immer mehr

Abb. 45: 23er-, 24er- und 25er-Pfeiler

zu Goldhufen. Es war, weil die Sonne es geschaffen hatte, ein so reines Gold, dass es ganz weich war und allmählich die Pfeiler hinablief und sie verstärkte.

Nun wollen wir uns einige Pfeiler etwas genauer anschauen: Wer von euch kann mir sagen, welche Pferde auf den 12er-Pfeiler sprangen?

(Es werden die Ziffern 1, 2, 3, 4, 6 und 12 genannt. Die 12 wird zuoberst geschrieben und eingekreist, weil sie den Pfeiler als den zwölften charakterisiert. Die anderen werden entsprechend der Zeichnung daruntergesetzt. Ähnlich werden andere Pfeiler betrachtet, also zum Beispiel der 18er-Pfeiler, der 24er-Pfeiler, der 32er-Pfeiler und andere mehr.)

Nun kann man zum Beispiel nochmals den 24er-Pfeiler zeichnen und neben ihn den 23er-Pfeiler. Auf den springen nur die 1er- und die 23er-Pferde. Haben dem 24er-Pfeiler die 2er-, 3er-, 4er-, 6er-, 8er-, 12er- und 24er-Pferde viel Gold gebracht, sodass er reich glänzend dasteht, so steht der 23er-Pfeiler wie ein armer Bettler daneben. Die 1er-Pferde bringen noch kein Gold, und das Gold, das vom 23er-Pferd kommt, wird schon bei starkem Regen weggewaschen. Der 24er-Pfeiler steht wie eine reiche *Königszahl* da, der 23er-Pfeiler ist daneben wie eine arme *Bettlerzahl*.

Aber nicht alle Zahlen sind so arm wie die 23. Es gibt *reichere* und *ärmere* Zahlen. Um das genauer ausdrücken zu können, berechnen wir den *Reichtum* oder den – wie man sagt – *Inhalt* der Zahlen, indem wir ihre *Teiler* – ohne die Zahl selber – addieren. Der Reichtum oder Inhalt von 24 ist 1 + 2 + 3 + 4 + 6+ 8 +12 = 36, der Inhalt von 23 aber nur 1!

Übungen zur elementaren Zahlenlehre

1.) Gibt es weitere Zahlen, die so arm wie die 23 sind?

2.) Der Inhalt von 1 ist gleich 1. Berechne nun den Inhalt der Zahlen von 1 bis 39. Schreibe dabei die Zahlen und ihre Inhalte in einer Tabelle jeweils untereinander, also zum Beispiel so:

Zahl	1	2	3	4	5	6	7	8	9	10	11	12	…
Inhalt	1	1	1	3	1	6	1	7	4	8	1	16	…

3.) Schaue dir deine Tabelle genauer an: Es gibt Zahlen, deren Inhalt größer ist, als sie selber sind, und Zahlen, deren Inhalt kleiner ist, als sie selber sind. Gibt es auch Zahlen, die gleich groß sind wie ihr Inhalt? (Abgesehen von der 1 finden wir diese Eigenschaft bei den Zahlen 6 und 28.) Die erste Art von Zahlen heißen *reiche Zahlen*, die zweite Art *arme Zahlen* und die dritte Art *vollkommene Zahlen*, weil sie nicht mehr besitzen, als sie selber sind. Leider gibt es von den vollkommenen Zahlen nur sehr wenige, und sie sind schwer zu finden. Die ärmsten der armen Zahlen nennt man *Primzahlen*. Hebe sie in der Tabelle farbig hervor.

4.) Teilt nun die Arbeit unter euch auf und setzt die Tabelle so weit wie möglich fort.

5.) Versucht, gebrauchtes Computerpapier zu finden, das es oft als zusammenhängend gefalteten Stoß gibt. Verwendet die Rückseiten und zeichnet im Abstand von etwa 10 cm einen

Pfeiler. Dann zeichnet ihr mit Farben die Sprungbögen der verschiedenen Pferde ein, sodass ein langes Band entsteht, das, so weit es reicht, an der Wand um die Klasse herumgeführt werden kann. Hebt die reichsten Königszahlen und die ärmsten Bettlerzahlen hervor.

6.) Findet ihr irgendwelche Gesetzmäßigkeiten in der Tabelle? (Betrachtet zum Beispiel die Zahlen 2, 4, 8, 16, 32, ... Oder untersucht die Vielfachen von 6.)

Nach den ersten Übungen schließen wir die erzählte Geschichte noch ab. Das kann etwa in der folgenden Weise geschehen:

Sicher wollt ihr wissen, wie die Geschichte mit den Drachen weiterging. Der König war ein kluger Mann, und er wusste, welche Pfeiler durch das Gold besser und welche schlechter geschützt waren. So baute er die Pfeiler der ärmsten und auch mancher anderer armer Zahlen aus dem härtesten Granit, den er finden konnte. Das bedeutete aber viel und harte Arbeit. Die Pfeiler, die von Gold geschützt wurden, konnte er aus weicheren Gesteinen arbeiten lassen. So waren die einen Pfeiler durch ihre Stärke, die anderen durch das Gold geschützt.

An den harten Pfeilern wetzten sich die Drachen nur ihre Zähne, ihre Klauen und ihre Schwanzsägen ab. Deswegen hielten sie sich lieber an die goldenen, reichen Pfeiler. Immer wieder nagten sie von dem Gold etwas ab. So kam in den dunklen Sumpf immer mehr Gold, und er wurde immer heller und lichter. Das vertrugen die Drachen nun aber sehr schlecht. Sie wurden immer kleiner. Heute sind sie nur noch so groß wie Eidechsen, und niemand muss mehr vor ihnen Angst haben.

Als zweites Bild wähle ich eine Geschichte, die sich nicht – wie bei den Pferden – an die Gliedmaßen wendet, sondern an den Atemrhythmus, das wichtigste Ursprungsgebiet aller rhythmischen Erfahrungen.

Die atmenden Tiere – für die 3. Klasse erzählt

Habt ihr schon einmal versucht, so schnell oder langsam wie euer Vater oder eure Mutter zu atmen? Sicher werdet ihr dabei bemerkt haben, dass sie für euch zu langsam atmen. Euer Atem geht viel schneller als ihrer. Woran liegt das denn?

Wer von euch Tiere besitzt, wird auch bemerkt haben, dass sie unterschiedlich schnell atmen – nämlich die kleineren schneller und die größeren viel langsamer. Wer einen Hamster oder einen kleinen Hund besitzt, wird das rasche Atmen längst beobachtet haben. Ein großes Pferd aber atmet viel langsamer.

Einmal durfte ich – war es im Traum oder in Wirklichkeit? – in einem warmen Tierhaus nachts die Tiere belauschen. Da gab es Elefanten aus Indien, ein Nilpferd aus Ägypten, Tapire aus dem brasilianischen Urwald und manches andere Tier, welches im Tropenhaus die im Winter notwendige Wärme brauchte. Weil es Nacht war, war es auch ringsum still geworden, und ich konnte jedes Tier leiser oder lauter atmen hören. Am langsamsten atmete der große Elefant, aber auch das Nilpferd atmete sehr langsam. Rascher waren schon die Antilopen – und so jedes nach seiner Art.

Bei den Tapiren gab es ein Vatertier, ein Muttertier und ein kleines Tapirkind. Alles schlief, nur das Kind schien munter zu sein oder etwas Lustiges zu träumen. Jedenfalls quiekte es manchmal leise vor Vergnügen und zappelte dabei. Leise trat ich hinzu, um zu sehen, was ihm dort so viel Spaß machte. Die Eltern lagen nebeneinander, aber auf ihnen lag das Kind. Wenn die Mutter einatmete, kullerte es zum Vater, wenn der Vater einatmete, zur Mutter, und wenn beide zugleich einatmeten, wurde es von beiden Eltern emporgehoben. Das war die Ursache seines Vergnügens.

Wachte oder träumte ich? Plötzlich hörte ich das Tapirkind leise rechnen. Davon hatte ich noch nie etwas gehört, dass ein Tapirkind rechnen konnte. Es schien längst bemerkt zu haben, in

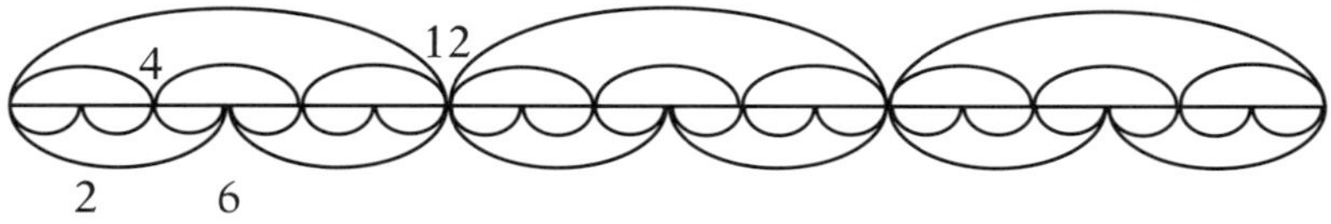

Abb. 46: Die Rhythmen 2, 4, 6 und 12 und ihr Zusammenspiel

welchen Rhythmus es hierher oder dorthin rollte oder gehoben wurde. Die Mutter war etwas kleiner, und ihr Atem ging … 4, 8, 12, 16, 20, 24 … Der etwas größere Vater atmete 6, 12, 18, 24, …

Nun wollte das Tapirkind zuerst wie der Vater atmen, aber es atmete nur 5, 9. Der Vater atmete für es zu langsam. Dann wollte es mit der Mutter atmen, aber es schaffte nur 4, 7. Auch sie atmete für das Kind zu langsam. Was tun?

Da kam ihm ein guter Gedanke: Ich gehöre doch zu Vater und Mutter; außerdem bin ich aber etwas für mich selbst. So will ich immer atmen, wenn die Mutter einatmet, und auch, wenn der Vater einatmet. Dazwischen will ich auch allein atmen. Könnt ihr mir sagen, wie es geatmet hat, damit es immer gleichmäßig und mit Vater und Mutter zusammen ging? Manche Kinder werden sagen: im Zweierrhythmus oder 2, 4, 6, 8, …

Nun kann man eine Zeichnung mit Rhythmenbögen an die Tafel zeichnen (Abbildung 46).

Wann wurde das Kind aber emporgehoben? Das geschah immer, wenn beide Eltern gleichzeitig einatmeten, also im Rhythmus 12, 24, 36, …

So ergeben sich aus den zwei Rhythmen 4 und 6 zwei weitere Rhythmen: der *Kindrhythmus* und der *Familienrhythmus*. Betrachten wir nur die Zahlen, können wir sie in einem auf der Spitze stehenden Quadrat schreiben, aus dem eine Reihe schöner Eigenschaften abzulesen ist:

2

4 6

12

So ist Vaterzahl × Mutterzahl = Kindzahl × Familienzahl, 4 × 6 = 2 × 12. Oder 12 : 4 = 6 : 2 …

Übungen zum rhythmologischen Rechnen

1.) Bestimme die Kindzahl und die Familienzahl, wenn die Vaterzahl 8 und die Mutterzahl 12 ist. Suche die möglichst große Kindzahl.
2.) Wie Aufgabe 1. für die Elternzahlen 10 und 15, 9 und 12, 12 und 18, 18 und 24, 6 und 12, 8 und 15.
3.) Wie groß ist die Vaterzahl, wenn die Mutterzahl 9, die Kindzahl 3 und die Familienzahl 45 ist? (15)

Wir brechen hier das schöne Gebiet der Zahlenrhythmen ab, werden es aber im vierten Schuljahr wieder aufgreifen und im Bruchrechnen anwenden.

Lösungen

Übungen zum römischen Ziffernsystem, Seite 29

1.) III; V; VII; XII; XXIV; LX; LXI; CCI; CIC; CCCI; CCIC; CDI; CCCIC; MI
2.) –
3.) 6; 8; 9; 30; 31; 40; 42; 72; 96; 1661
4.) XXVI + XXIV = L, 26 + 24 = 50; VII + VIII = XV, 7 + 8 = 15; XII + XII = XXIV, 12 + 12 = 24
5.) XIX + XXI = XL, 19 + 21 = 40; XVIII + XXII = XL, 18 + 22 = 40; XVII + XXIII = XL, 17 + 23 = 40; XVI + XXIV = XL, 16 + 24 = 40; XV + XXV = XL, 15 + 25 = 40,…
6.) 90 – 50 = 40; 11 – 8 = 3; 14 – 7 = 7; 20 – 10 = 10; 30 – 20 = 10; 40 – 30 = 10; 60 – 40 = 20; 110 – 90 = 20
7.) 71; 51; 49; 18; 93 / 93> 71> 51> 49> 18

Übungen zur Zeitrechnung, Seite 41 – 43

Aufgaben 1.) – 4.) mündlich.

5.) 24 Stunden = 1 Tag; 48 Stunden = 2 Tage; 72 Stunden = 3 Tage

6.) 36h = 1 Tag und 12h; 50h = 2 Tage und 2h; 100h = 4 Tage und 4h. Ähnliche Fragen als halbschriftliche Übung.

7.) Die Mutter kommt am 6. Mai wieder.

8.) Der Vater war 5 Tage und 9h fort.

9.) Das Flugzeug kommt um 7 Uhr an.

10.) Im Winter kommt der Reisende um 20 Uhr an. Im Sommer kommt der Reisende um 19 Uhr in Moskau an. In Frankfurt kommt er im Winter um 20 Uhr, im Sommer 21 Uhr an. Die aktuelle Zeitverschiebung in Moskau beträgt 2 Stunden. Die Sommerzeit wurde abgeschafft, d.h. im Winter sind es drei Stunden und im Sommer nur zwei.

11.) –

12.) –

13.) 18 Tage

14.) Ramadan endet am 18. August.

Übungen zur Sinnespflege in der Zeitbestimmung, Seite 43 – 45

1. – 7.) mündlich oder halbschriftlich.

Übungen zum Umgang mit Winkeln, Seite 52

1.) – 3.) werden mündlich beziehungsweise halbschriftlich durchgeführt.

4.) – 6.) werden mit dem Winkelmesser ausgeführt.

Zu 7.) Möglich wäre auf dieser Stufe zum Beispiel: Ein Kind streckt einen Arm in die Waagrechte, mit dem anderen zeigt es zur Sonne. Andere Kinder schauen sich den Winkel von der Seite an und schätzen seine Gradzahl ab.

Übungen zur Längenmessung, Seite 59 – 61

1.) – 9.) sind praktisch durchzuführen. Es kann sehr spannend sein, auf die Vorschläge verschiedener Kinder ausführlich einzugehen – solange sie nicht zu gefährlich sind.

10.) 22 m = 220 dm = 2200 cm

11.) 22 cm = 220 mm

12.) 2,35 m = 23,5 dm = 235 cm

13.) 7,34 m = 73,4 dm = 734 cm; 9,99 m = 99,9 dm = 999 cm; 3,1 m = 31 dm = 310 cm

14.) 0,20 m = 2 dm = 20 cm = 200 mm; 0,02 m = 0,2 dm = 2 cm = 20 mm

15.) 2,34 km = 2340 m

Wie immer sind diese Aufgaben exemplarisch gemeint und können in vielfacher Weise variiert werden.

Übungen zur Sachkunde, Seite 70 – 71

Antworten mündlich oder halbschriftlich.

Übungen zur Flächen- und Volumenbestimmung, Seite 74 – 75

1.) mündlich oder halbschriftlich.

2.) Laut Auskunft vom ADAC wird das Kofferraumvolumen in Anlehnung an die Norm ISO 3832 (siehe Internet) mit Styropor- oder Schaumstoffwürfeln oder -quadern von 1 dm^3, 4 dm^3 oder 8 dm^3 bestimmt.

3.) – 5.) werden praktisch durchgeführt.

6.) 40 Morgen. Gesinde wurde in großer Zahl zum Melken, Füttern, Mähen, Dreschen usw. benötigt, weil noch keine modernen Maschinen (Melkmaschinen, Mähdrescher usw.) die Arbeit zum großen Teil übernahmen.

7.) 1 Ar ist 100 m^2 groß. Eure Fläche ist also 500 m^2 groß. Ein Morgen ist 2500 m^2 groß, also braucht ihr die 5-fache Zeit. Das sind 15 Stunden.

Übungen zur Geschwindigkeit, Seite 78 – 79

Wird praktisch durchgeführt.

Übungen im Schätzen und Vergleichen, Seite 82 – 83

1.) – 4.) werden praktisch durchgeführt.

Übungen zum Geld, Seite 92 – 93

Die Übungen 1.) – 4.) werden praktisch durchgeführt.

Übungen zu alten Mengenangaben, Seite 101

1.) Die Bäuerin hat 120 Eier, es sind 8 Mandeln, und dafür würde sie insgesamt 36,– € bekommen.

2.) Ein weiteres Beispiel: 100 = 8 Dutzend + 2 Paare.

3.) 59 = 2 Stiegen + 1 Dutzend + 3 Paare und 1 Einzelnes = 3 Mandeln + 1 Dutzend + 1 Paar.
72 = 1 Schock + 1 Dutzend.
120 = 2 Schock = 6 Stiegen = 10 Dutzend = 8 Mandeln = 60 Paare.
512 = 25 Stiegen + 1 Dutzend = 256 Paare = 8 Schock + 1 Stiege + 1 Dutzend

4.) a) 42; b) 84; c) 87; d) 144 – 24 = 120; e) 144 – 60 + 15 = 99; es fehlt 1 bis zu einem vollen Hunderter.

Übungen zum geschickten Rechnen, Seite 107 – 108

1.) a) (5 + 5) + (7 + 3) + (6 + 4) + 10 = 40
b) (6 + 4) + (11 + 9) + (3 + 7) + (9 + 1) = 50
c) (7 + 3) + (6 + 4) + (9 + 1) = 30
d) (11 + 9) + (12 + 8) + (13 + 7) = 60
e) (12 + 8) + (13 + 7) + (14 + 6) = 60
f) (13 + 17) + (14 + 16) + (15 + 15) = 60
g) (14 + 16) + (15 + 15) = 60
h) (27 + 3) + (31 + 19) + 24 = 104

2.) a) $6 \times (5 \times 2) = 6 \times 10 = 60$
b) $7 \times (15 \times 2) = 7 \times 30 = 210$
c) $(3 \times 3) \times 11 = 9 \times 11 = 99$
d) $(4 \times 5) \times (3 \times 7) = 420$
e) $(2 \times 5) \times (7 \times 8) = 560$;
f) $(6 \times 5) \times (4 \times 15) = 30 \times 60 = 1.800$
g) $(4 \times 15) \times 13 = 60 \times 13 = 780$
h) $(2 \times 3) \times (2 \times 3) \times 2 = (6 \times 6) \times 2 = 36 \times 2 = 72$
Andere Möglichkeiten bestehen.

3.) a) $3 \times (4 + 5) = 27$; $(3 \times 4) + 5 = 17$
b) $4 \times (5 + 3) = 32$; $(4 \times 5) + 3 = 23$
c) $5 \times (3 + 4) = 35$; $(5 \times 3) + 4 = 19$

4.) a) 30
b) 100
c) 100
d) 100
e) 5
f) 7
g) 3
h) 10
i) 10
j) 10
k) 5
l) 3
m) 2
n) Beispiele: $(120 : 12) - (120 : 15) = 2$; $(120 : 15) - (120 : 20) = 2$. Dabei werden nur die Teiler von 120 verwendet.

Übungen zum Addieren I, Seite 115

Nur mündlich beziehungsweise halbschriftlich.

Übungen zum Addieren II Seite 121

1.) a) 35; 45; 55; 64; 70; 80; 75
   b) 357; 589; 801; 1023. Fortsetzung: 567 + 678 = 1245 ; 678 + 789 = 1467; 789 + 900 = 1689
   c) 1554
2.) a) 1887
   b) –
3.) 61,00 €
4.) 37,10 €. Das Ergebnis ist richtig.
5.) 39,20 € ist das richtige Ergebnis. Die Bedienung hat wahrscheinlich beim Zehnerübertrag einen Fehler gemacht.
6.) 137,87 €. Das Ergebnis stimmt.

Übungen zum geschickten Rechnen, Seite 122 – 123

1.) a) Wir addieren: (1 + 9) + (2 + 8) + (3 + 7) + (4 + 6) + 5 = 4 × 10 + 5 = 45
   b) Wir addieren: (11 + 99) + (22 + 88) + (33 + 77) + (44 + 66) + 55 = 4 × 110 + 55 = 495
   c) Wir addieren (111 + 999) + (222 + 888) + (777 + 333) + (666 + 444) + 555 = 4 × 1110 + 555 = 4995
2.) Beispiel: 2 + 4 + 6 + 8 + 10 + 12 = 3 × 14 = 42
3.) –

Übungen zum schriftlichen Subtrahieren, Seite 128

1.) Beispiele: Alle Schüler erhalten 20 €. Schüler A soll seinem Nachbarn B 7 € bezahlen. Gibt er 20 €, erhält er 13 € zurück. Soll A 13,50 € zahlen, erhält er 6,50 € zurück.
2.) Beispiele: Mitschüler A stellt Mitschüler B eine Rechnung in Höhe von 34 €. Mitschüler B gibt ihm einen 50-€-Schein. Er erhält 16 € zurück. Beispiel 2: Die Rechnung geht über 13,70 €. Der Mitschüler gibt 16,20 €. Das sind 2,50 € zu viel.
3.) a) 26; b) 22; c) 25; d) 30; e) 20; f) 10; g) 22
4.) a) 14; b) 18; c) 15; d) 36; e) 26; f) 16; g) 6

Übungen zu Additionen und Subtraktionen, Seite 132 – 134

1.) a) 77 b) 99 c) 121 d) 197 e) 344 f) 444 g) 1665

2.) Individuell verschieden.

3.) Kassenzettel:

a)

Dentalsticks	0,95
Hund Lieb. Kekse	0,95
Hund Plätzchen	0,95
Body Milk	2,95
Perlweiß	2,45
Summe	8,25
Bezahlt	20,30
Rückgeld EUR	–12,05

b.)

Handschuhe	25,95
Mütze	24,99
Summe	50,94
Bar EUR	55,00
Rückgeld EUR	– 4,06

c.)

Aufhängung	5,99
Teppich	39,00
Bonsai	5,99
Summe	50,98
Bezahlt	60,00
Rückgeld EUR	– 9,02

4.) Subtrahiere schriftlich:

59	58	123	132	222	412	279
– 23	– 39	– 54	– 64	– 83	– 187	–199
36	19	69	68	139	225	80

5.)

Quark	0,95
Hundefutter	2,99
Käse	1,85
Body Milk	2,95
Seife	0,75
Pfand	– 0,60
Summe	10,09
Bezahlt	10,10
Rückgeld EUR	– 0,01

Auf dem Kassenzettel mit dem Leergut wird häufig der zurückgezahlte Pfand mit einem – vor der Zahl geschrieben, um darzustellen, dass dieses Geld aus der Kasse an den Kunden bezahlt wurde.

6.)

a)	b)	c)	d)	e)	f)
22,37	17,83	22,33	18,77	864,20	597,23
– 1,55	– 2,55	– 3,55	– 1,55	+ 635,80	+ 653,56
+ 2,88	+ 2,82	+ 2,88	+ 2,88	– 900,00	– 250,80
23,70	18,10	21,66	20,10	600,00	999,99

7.) 99 – 33 = 66;

a) 111 – 23 = 88; b) 222 – 111 = 111; c) 333 – 301 = 32;

d) 2,21 – 1,11 = 1,10; e) 14,14 – 10 = 4,14.

8.)

	4,44
–	6,66
+	11,10
	8,88

Übungen zum schriftlichen Multiplizieren, Seite 140 – 141

1.) a) 28; 42; 56; 70

b) 48; 72; 96; 120

c) 68; 102; 136; 170

d) 88; 132; 176; 220

2.) a) 168; 182; 196; 210

b) 288; 312; 336; 360

c) 408; 442; 476; 510

d) 528; 572; 616; 660

3.) a) 121; 144; 169; 196; 225; 256; 289; 324; 361; 400

b) 132; 156; 182; 210; 240; 272; 306; 342; 380

c) 100; 200; 300; 400; 500; 600; 700; 800

d) 125; 225; 325; 425; 525; 625; 725; 825

e) 150; 250; 350; 450; 550; 650; 750; 850

f) 175; 275; 375; 475; 575; 675; 775; 875

Übungen zur Division mit Rest, Seite 142 – 143

1.) a) $26 = 8 \times 3 + 2$

b) $19 = 6 \times 3 + 1$

c) $23 = 5 \times 4 + 3$

2.) 10 Paare, 1 Strumpf bleibt übrig: $21 = 10 \times 2 + 1$

3.) Das Gerechnete ist richtig.

Übungen zum schriftlichen Dividieren I, Seite 146

1.)

Z	E	
6	0	: 4 = 1 5
– 4		
2	0	
– 2	0	
	0	

2.)

H	Z	E	
2	6	1	: 9 = 2 9
– 1	8		
	8	1	
–	8	1	
		0	

3.)

H	Z	E	
3	3	3	: 9 = 3 7
– 2	7		
	6	3	
–	6	3	
		0	

4.)

T	H	Z	E	
1	0	8	0	: 5 = 2 1 6
– 1	0			
	0	8		
	–	5		
		3	0	
	–	3	0	
			0	

5.)
```
 T H Z E
 1 3 2 3 : 7 = 1 8 9
-  7
   6 2
 - 5 6
     6 3
   - 6 3
       0
```

6.)
```
 T H Z E
 2 6 6 4 : 8 = 3 3 3
-2 4
   2 6
 - 2 4
     2 4
   - 2 4
       0
```

Übungen zum Schätzen bei Divisionen, Seite 149

Die Ergebnisse sind im Text angegeben.

Übungen zum schriftlichen Dividieren II, Seite 151

1.)
```
 6 4 : 3 2 = 2
-6 4
   0
```

2.)
```
 9 6 : 4 8 = 2
-9 6
   0
```

3.)
```
 7 2 : 2 4 = 3
-7 2
   0
```

4.)
```
 6 2 4 : 5 2 = 1 2
-5 2
 1 0 4
-1 0 4
     0
```

5.)
```
 7 9 2 : 4 4 = 1 8
-4 4
 3 5 2
-3 5 2
     0
```

6.)
```
 7 9 8 : 1 4 = 5 7
-7 0
   9 8
 - 9 8
     0
```

7.)
```
 1 1 7 6 : 2 1 = 5 6
-1 0 5
   1 2 6
-  1 2 6
       0
```

8.)
```
 1 5 6 8 : 1 6 = 9 8
-1 4 4
   1 2 8
 - 1 2 8
       0
```

9.)
```
  3 6 6 6 : 7 8 = 4 7
- 3 1 2
-------
    5 4 6
  - 5 4 6
  -------
        0
```

Übungen zu vorteilhaftem Rechnen, Seite 154 – 155

1.) 5 × 31 = 155

2.) 5 × 51 = 255

3.) 4 × 49 = 196

4.) 5 × 81 = 405

5.) 5 × 81 + 46 = 451

6.) 6 × 83 = 498

7.) 6 × 83 + 48 = 546

8.) Bei einer geraden Anzahl kann man leicht die Summe als ein Produkt schreiben, bei einer ungeraden wird bei unserer Methode ein Glied addiert.

9.) –

10.) 3 × 54 = 162

Übungen zur elementaren Zahlenlehre, Seite 167 – 168

1.) 2; 3; 5; 7; 11; 13; 17; 19; 29; 31 ...

2.) + 3.)

Zahl	1	2	3	4	5	6	7	8	9	10	11	12	13
Inhalt	1	1	1	3	1	6	1	7	4	8	1	16	1

Zahl	14	15	16	17	18	19	20	21	22	23	24	25	26
Inhalt	10	9	15	1	19	1	22	11	14	1	36	6	16

Zahl	27	28	29	30	31	32	33	34	35	36	37	38	39
Inhalt	13	28	1	42	1	31	15	20	13	55	1	23	17

4.) –

5.) –

6.) Der Inhalt der Zahlen 2, 4, 8, 16, … ist immer um 1 kleiner als die Zahl selbst. Dies kann man in der Oberstufe für alle 2er-Potenzen beweisen.
Alle Vielfachen von 6 sind – beginnend mit 12 – reich. 6 selber ist ihrem Inhalt gleich. Eine solche Zahl nennt man *vollkommen*, weil sie weder reich noch arm ist.

Übungen zum rhythmologischen Rechnen, Seite 171

1.) M= 12, V= 8, F=24, K=4
2.) M=10, V=15, F=30, K=5; M=9, V=12 F= 36, K=3; M=12, V=18, F=36, K=6; M=18, V=24, F=72, K=6; M=6, V=12, F=12, K=6; M=8, V=15, F=120, K=1.
3.) V= 15

Anmerkungen

1 Siehe Rudolf Steiner, *Erziehungskunst. Methodisch-Didaktisches*, GA 294, Dornach [6]1990.

2 Siehe Ernst Schuberth, *Der Anfangsunterricht in der Mathematik an Waldorfschulen. Aufbau, fachliche Grundlagen und menschenkundliche Gesichtspunkte*, Stuttgart [3]2012, S. 48ff.

3 Louis Locher-Ernst, *Arithmetik und Algebra*, Verlag am Goetheanum, Dornach / Schweiz [2]1984.

4 Auf den heute stattfindenden Kampf um die menschliche Intelligenz habe ich schon in meiner ersten Schrift hingewiesen: Ernst Schuberth, *Die Modernisierung des mathematischen Unterrichts*, Stuttgart 1971.

5 Siehe Ernst Schuberth, a.a.O. (Anm. 2), S. 35ff.

6 Siehe dazu Rudolf Steiner, *Erziehungskunst. Seminarbesprechungen und Lehrplanvorträge*, GA 295, Dornach [4]1984, 4. Vortrag; Ernst Schuberth, a.a.O. (Anm. 2), S. 42ff.; Adolf Fischer, Rechnen mit Temperamenten, in: *Erziehungskunst*, Heft 7/8, Stuttgart 2004, S. 826ff.

7 Siehe Ernst-Michael Kranich et al., *Formenzeichnen. Die Entwicklung des Formensinns in der Erziehung*, Stuttgart [3]2000, und Ernst Schuberth, *Der Geometrieunterricht an Waldorfschulen. Band 1: Das Formenzeichnen als tätige Geometrie*, Stuttgart [2]2008.

8 Siehe Tobias Richter (Hrsg.), *Pädagogischer Auftrag und Unterrichtsziele. Vom Lehrplan der Waldorfschule*, Stuttgart [3]2010.

9 Siehe Rudolf Steiner, *Gegenwärtiges Geistesleben und Erziehung*, GA 307, Dornach [5]1986, S. 178; Ernst-Michael Kranich et al., a.a.O. (Anm. 7); Ernst Schuberth, a.a.O. (Anm. 7), S. 69ff.

10 Für eine umfassende Analyse und den Aufbau des Sachrechnens siehe Marianne Franke / Silke Ruwisch, *Didaktik des Sachrechnens in der Grundschule*, Heidelberg [2]2010.

11 Siehe Ernst Schuberth, a.a.O. (Anm. 7), S. 69ff.

12 Jerome Bruner, *The Culture of Education*, New York 1996. (Jerome Bruner, *1915 in New York; wichtige Beiträge zur Kognitionspsychologie; siehe z.B. eine Kurzfassung seiner Prinzipien bei Bernd Hafenbrak, *Didaktische Prinzipien des Mathematikunterrichts*, http://www.didmath. ewf.uni-erlangen.de/ Vorlesungen/Hauptschule/Zahlbereiche/ws08_09/Did06_04.pdf)

13 Rudolf Steiner, *Allgemeine Menschenkunde als Grundlage der Pädagogik*, GA 293, Dornach [9]1992.

14 Als Beispiel kann – hier allerdings auf das sechste Schuljahr bezogen – auf die Behandlung der Winkelsumme in regelmäßigen Vielecken hingewiesen werden, wie ich sie an anderer Stelle ausführlicher dargestellt

habe (siehe Ernst Schuberth, Die Winkelsumme der regelmäßigen Vielecke. In: *Aus Alternativen lernen: Waldorfschule / Odenwaldschule*, Westermanns Pädagogische Beiträge 3/1984, S. 118-121, und Ernst Schuberth, *Der Geometrieunterricht an Waldorfschulen. Band 3: Die ersten Schritte in die beweisende Geometrie*, Stuttgart 2001).

15 Siehe Rudolf Steiner, a.a.O. (Anm. 6), Zweiter Lehrplanvortrag, 6. September 1919, vormittags.

16 Rudolf Steiner, *Die Geheimwissenschaft im Umriss*, GA 13, Dornach [30]1989, insbesondere das Kapitel «Die Weltentwicklung und der Mensch».

17 Siehe Rudolf Steiner, *Ägyptische Mythen und Mysterien im Verhältnis zu den wirkenden Geisteskräften der Gegenwart*, GA 106, Dornach [5]1992; *Die Geheimnisse der biblischen Schöpfungsgeschichte*, GA 122, Dornach [6]1984; *Die Evolution vom Gesichtspunkte des Wahrhaftigen*, GA 132, Dornach [7]1999, und andere mehr.

18 Siehe Rudolf Steiner, a.a.O. (Anm. 1).

19 2013 betrug die durchschnittliche Lebenserwartung weltweit 68,09 Jahre. Siehe http://www.laenderdaten.de/bevoelkerung/lebenserwartung.aspx

20 Astronomischer Wert zwischen 25.700 und 25.800 Jahre (Wikipedia 2.7.2014).

21 Ohne solche Annahme wären die alten Mythen bis hin zu den Träumen, die in der Bibel beschrieben werden, schlichtweg Fantastik.

22 Wie mir von Ludolf von Mackensen mitgeteilt wurde, gibt es im Astronomisch-Physikalischen Kabinett (Museum in Kassel) noch eine alte Kirchturmuhr, bei der die Gewichte an der Unruhe morgens und abends so verhängt werden konnten, dass die unterschiedliche Stundendauer auch richtig von der Kirchturmuhr und ihren Glockenschlägen angezeigt wurde. Sie besaß eine *Spindelhemmung mit Waag*.

23 Mit der modernen Computertechnik wäre es ein Leichtes, das alte Zeitmaß wieder darzustellen.

24 Heute sind es länderübergreifende Zeitzonen, gekoppelt an die auf den nullten Längenkreis von Greenwich bezogene *Weltzeit* GMT = *Greenwich Mean Time*.

25 Es klagen zahlreiche Menschen über die Verschiebung der Uhrzeit gegen die (wahre) Tageszeit während des Sommerhalbjahres. Andere stellen sich leichter auf die Sommerzeit um, beginnen gerne den früheren Arbeitstag und freuen sich an dem damit gewonnenen längeren Abendlicht.

26 Im Namen *Dezember* ist für die Kinder die Zehn zu entdecken, die von *dezi* = *Zehntel* und *Dekade* = *Zehnerblock* her vertraut sind. Dezember war also ursprünglich der *zehnte Monat*. Die Namen September, Oktober und November enthalten entsprechend die Zählung 7, 8 und 9.

27 Die Herkunft der germanischen Namen wird in der 4. Klasse mit der

nordischen Mythologie besprochen, der Bezug zu den von römischen Göttern abgeleiteten Planetennamen erfolgt in Geschichte und Himmelskunde der 6. Klasse.

28 Siehe z.B. https://de.wikipedia.org/wiki/Ramadan. Die Zeit von Vollmond bis Vollmond wird als synodischer Monat bezeichnet und dauert im Mittel 29,53 Tage.

29 Siehe Ernst Schuberth, a.a.O. (Anm. 2).

30 Zum Beispiel im Winchester House in San José / Kalifornien.

31 Dass im Hinblick auf die Erde als Ganzes auch die Vertikalen in alle Richtungen weisen (ein Strahlenbüschel bilden), hat für eine lokale Betrachtung wie hier zunächst noch keine Bedeutung.

32 Das hat mit Temperaturgraden wie 20° C nichts zu tun. Die Schüler sind auch darauf hinzuweisen, dass Winkel- oder Temperaturgrade anders geschrieben werden als die *Geraden* in der Geometrie oder eine *gerade* Straße.

33 Siehe auch www.grids-bastelecke.de und http://www.astrotreff.de/topic.asp?TOPIC_ID=14101

34 Dieser vor allem in der Geometrie benutzte Durchlaufsinn (entgegen der Uhr) heißt mathematisch positiver Drehsinn, bevorzugt mit der Waagrechten beginnend. Wird in der Heimat- oder Himmelskunde eine Windrose gezeichnet, so hat diese oben Norden und beginnt dort mit der Gradzählung rechtsherum (mit der Uhr).

35 Siehe Ernst Schuberth, *Der Geometrieunterricht an Waldorfschulen. Band 2: Vergleichende Formenlehre und geometrische Grundkonstruktionen in den Klassen 4 und 5*, Stuttgart 1998.

36 Siehe auch http://www.history.didaktik.mathematik.uni-wuerzburg.de/vollrath/papers/080.pdf

37 Siehe Adolf Fischer, Ruhe und Bewegung – ein Urphänomen der Geometrie, in: *Erziehungskunst*, Heft 6, Stuttgart 1994, S. 586ff.

38 Siehe auch Johann Gottfried Seume, *Spaziergang nach Syrakus im Jahre 1802*, München 1997.

39 Siehe z.B. http://terra-x.zdf.de/ZDF/zdfportal/programdata/893f31cb-04ff-3cec-b768-ccdc04d351b6/20249845?generateCanonicalUrl=true

40 Siehe die nachfolgende Tabelle.

41 Genormt sind 1:100 für den Bauplan, 1:50 für Detail-Arbeitspläne und 1:500 für den Lageplan.

42 Humorvolle Sprüche sind möglicherweise ein einfaches Gegenmittel, wie zum Beispiel: «Von zwei Menschen kann der eine zwar der Längere, aber der andere dennoch der Größere sein», oder: «Wahre Größe kommt von innen.»

43 Beim üblicherweise benutzten «metrischen» Gewinde genügt die Durchmesserangabe: «M6» bedeutet also ein (metrisches) Gewinde mit 6 mm Schraubendurchmesser. Alle Schrauben und Muttern mit dieser Bezeichnung passen zusammen, egal, welche Formen sie haben.

44 www.schneidern-naehen.de/handstiche 24.6.2014, 18:00

45 Durch den Assuan-Staudamm wurden diese Überschwemmungen gestoppt und durch künstliche Bewässerung und die Verwendung von Düngern ersetzt.

46 Der Morgen hatte wegen der Bodenbeschaffenheit regional unterschiedliche Größen. In Süddeutschland waren Flächen von 25 bis 35 ar üblich. Im Norden waren es deutlich mehr, häufig um 40 ar, was dem amerikanischen acre entspricht. Erst im deutschen Kaiserreich wurde der Morgen verbindlich mit «Viertel-Hektar» festgelegt und mit dem metrischen Maß vereinheitlicht.

47 https://de.wikipedia.org/wiki/Ch%C3%B6nix

48 Fausset, A. R., The Revelation of St. John the Divine, in: Robert Jamieson / A. R. Fausset / David Brown, *A Commentary, Critical and Explanatory, on the Old and New Testaments* (Oak Harbor, WA: Logos Research Systems, Inc., 1997, 1877), Rev. 6:6.

49 https://de.wikipedia.org/wiki/Angloamerikanisches_Ma%C3%9Fsystem

50 Quelle: https://en.wikipedia.org/wiki/File:GasCan.jpg, 18.09.2015, 19:00.

51 Festlegung der Seemeile aus dem Winkelmaß: siehe Längenmaße.

52 Da es sich beim Gewicht um eine Kraft handelt, wird korrekterweise in der Physik ein Newton (1 N) als Einheit verwendet. Dagegen bezeichnet 1 Kilogramm eine Masse, nämlich die Materialmenge eines Liters Wasser, die ja z.B. auf dem Mond ein anderes Gewicht hat. Die Gewichtskraft, mit der 1 kg auf die Unterlage drückt, beträgt auf der Erde 9,81 N. Auf diese Unterscheidung von Kraft und Masse gehen wir hier aber noch nicht ein.

53 Das Wort Zentner hat mit der Zehn nichts zu tun, sondern mit Centum für Hundert. Ein Zentner hat hundert Pfund, aber ein Pfund nur ½ kg = 500 g; in dörflichen Gegenden Süddeutschlands sind beide Maße noch in alltäglichem Gebrauch.

54 Rudolf Steiner, *Die Kunst des Erziehens aus dem Erfassen der Menschenwesenheit*, GA 311, Dornach [5]1989, S. 130ff.

55 In der 6. Klasse kann genauer auf den Geldbegriff eingegangen werden; siehe Ernst Schuberth, *Der Mathematikunterricht in der sechsten Klasse an Waldorfschulen. Teil I: Die Einführung der Algebra aus der Wirtschaftskunde*, Stuttgart 1994.

56 Auf den richtigen, gerechten oder besser: angemessenen Preis wird in einer ersten Wirtschaftskunde in der 6. Klasse gesprochen. «Preiswert» und «billig» meinten ursprünglich, dass der *Preis* dem (Waren-)*Wert* entspricht, dass er zu *billigen*, also zu rechtfertigen ist.

57 https://de.wikipedia.org/wiki/Pfund_Sterling

58 Siehe auch die Ausführungen von Rudolf Steiner auf S. 87ff.

59 Siehe z.B. https://de.wikipedia.org/wiki/Schock_(Ma%C3%9Feinheit)#Z.

C3.A4hlma.C3.9Fe

60 Siehe Friedhelm Padberg / Christiane Benz, *Didaktik der Arithmetik*, Heidelberg 42011, S. 174ff.; Erich C. Wittmann / Gerhard N. Müller, *Handbuch produktiver Rechenübungen*, Band 2: Vom halbschriftlichen und schriftlichen Rechnen, Stuttgart 1991, oder auch www.kira.tu-dortmund.de/ front_content.php?idcat=370).

61 Dass im Leben die Vertauschbarkeit von Handlungen nicht selbstverständlich ist, wird ausführlich in Ernst Schuberth, *Wirtschaftskunde und Algebra in der 7. und 8. Klasse an Waldorfschulen*, Stuttgart 2008, S. 91ff., besprochen. Wie weit darauf hier einzugehen ist, mag der Lehrer selbst entscheiden.

62 In der 7. Klasse wird dann der Gebrauch von Klammern wesentlich erweitert und auch in ihrer Beziehung zu den algebraischen Grundgesetzen behandelt.

63 Berühmt ist das Beispiel des Schülers C. F. Gauß, der im Alter von sieben Jahren in die Volksschule gekommen war. Dort habe sein Lehrer Büttner den Schülern zur längeren Beschäftigung die Aufgabe gestellt, die Zahlen von 1 bis 100 zu addieren. Gauß habe sie allerdings nach kürzester Zeit gelöst, indem er 50 Paare mit der Summe 101 gebildet (1 + 100, 2 + 99, …, 50 + 51) und 5050 als Ergebnis erhalten habe. Er legte die Antwort mit den Worten in Braunschweiger Plattdeutsch «Ligget se» («Hier liegt sie») dem Lehrer auf den Tisch.

64 Im Sinn der Darstellungen in Band 1 dieser Reihe (siehe oben, Anm. 2) handelt es sich um das Unterschiedbilden.

65 Hier handelt es sich um die eigentliche Subtraktion.

66 Siehe Ernst Schuberth, a.a.O. (Anm. 2), S. 45ff.

67 Wir hatten die Schreibweise der Multiplikation so eingeführt, dass links der Multiplikator und rechts der Multiplikand steht. Je nach Bedarf verwenden wir aber auch die umgekehrte Reihenfolge.

68 Zum Beispiel www.wikihow.com/Do-Long-Multiplication oder http://www.mathsisfun.com/numbers/multiplication-long.html.

69 Neben den zahlreichen Übungsmaterialien, die im Laufe der Jahre von Klassen- und Fachlehrern erarbeitet wurden, soll auch auf Bücher wie das von Erich Wittmann und Gerhard Müller (a.a.O., Anm. 60) hingewiesen werden.

70 Rudolf Steiner, *Erziehung und Unterricht aus Menschenerkenntnis*, GA 302a, Dornach 41993, S. 58.

71 Horst Karaschewski, *Wesen und Weg des ganzheitlichen Rechenunterrichts*, Teil II, Stuttgart 1970, S. 75ff.

72 Ebd., S. 9 – 21.

73 Siehe Wittmann / Müller a.a.O (Anm. 60) und Karaschewski, ebd. 3. Prinzip der zweifachen Zielsetzung, S. 91.

74 Es gelingt den Fängern z.B. nicht, die 17 zu erwischen!

75 Siehe Horst Karaschewski, a.a.O. (Anm. 71).

76 Siehe ebd., S. 81. Ein solch überschaubares Beispiel wären erlaubte Sprünge zwischen 2 und 8, dann beträgt die Summe 10 (= 2 + 8). Derjenige Spieler, der als Erster schafft, den Abstand zum Gegner auf ein Vielfaches von 10 zu bringen, ist nicht mehr zu schlagen. Steht z.B. der obere Spieler (A) bei 99 und der untere (B) kam gerade bei 12 an, beträgt der Abstand 87. A kann nun den Abstand auf volle Zehner bringen, indem er 7 springt auf 92 (Abstand 92 – 12 = 80). Ab jetzt reagiert er auf jeden Sprung von B mit der passenden Zehner-Ergänzung. Springt also B etwa um 6 weiter auf 18, reagiert A mit 4 auf 88, usw. bis zum Schluss nur noch 1 Zehner als Abstand bleibt. Egal, wie B nun springt (zwischen 2 und 8), kann A auf jeden Fall ausgleichen mit der Gegenzahl (zwischen 8 und 2) und damit Abstand 0 erreichen, also treffen. Will man die Strategie möglichst lange im Unklaren lassen, wählt man die Sprunggrenzen so, dass ihre Summe keine leicht erkennbaren Vielfachen hat, also die genannten 2 und 15 (Summe 17) oder 1 und 12 (Summe 13) usw.

77 Siehe ebd., S. 79.

78 Dieses früher sehr verbreitete Kinderspiel ist heute fast vergessen: Ein nicht zu kleiner, kegelförmiger Holzkreisel wird in Drehung versetzt und soll dann mittels einer Peitschenschnur am Laufen gehalten werden. Guten Treibern gelingt es, den Kreisel so zu beschleunigen, dass er eine stabile aufrechte Drehachse gewinnt.

79 Nach Horst Karaschewski, a.a.O. (Anm. 71), S. 82f.

80 Die Zahl in der Mitte muss immer auch die mittlere Zahl der vorgegebenen Reihe sein, die 3 Speichen haben immer 2 Zahlen, die gleich weit von der Mitte abweichen: Bei 11 bis 17 ist die Mitte 14; Speichenzahlen können also nur die Paare 13 und 15 oder 12 und 16 oder 11 und 17 sein, in jeder Speiche steckt also die doppelte Mittelzahl (13 + 15 = 14 + 14 usw.), gemeinsam mit dem Mittelknoten muss die Summe immer auf das 3-fache der Mittelzahl kommen und gibt damit der Spinne ihren Namen. Durch Zahlentausch innerhalb von Speichen wird die Summe der Ringe angepasst.

Literatur

Baravalle, Hermann von, *Methodische Gesichtspunkte für den Aufbau des Rechenunterrichts und der Waldorfschulplan*, Stuttgart ²1984.

Bindel, Ernst, *Die geistigen Grundlagen der Zahlen*, Stuttgart ⁵1998.

–, *Das Rechnen. Menschenkundliche Begründung und pädagogische Bedeutung*, Stuttgart 1982.

Bruner, Jerome, *The Culture of Education*, New York 1996.

Fausset, A. R., The Revelation of St. John the Divine, in: Robert Jamieson, A. R. Fausset, and David Brown, *A Commentary, Critical and Explanatory, on the Old and New Testaments* (Oak Harbor, WA: Logos Research Systems, Inc., 1997, 1877), Rev. 6:6.

Fischer, Adolf, Ruhe und Bewegung – ein Urphänomen der Geometrie, in: *Erziehungskunst*, Heft 6, Stuttgart 1994, S. 586ff.

–, Rechnen mit Temperamenten, in: *Erziehungskunst*, Heft 7/8, Stuttgart 2004, S. 826ff.

Franke, Marianne / Ruwisch, Silke, *Didaktik des Sachrechnens in der Grundschule*, Heidelberg ²2010.

Hafenbrak, Bernd, *Didaktische Prinzipien des Mathematikunterrichts*, http://www.didmath. ewf.uni-erlangen.de/ Vorlesungen/Hauptschule/Zahlbereiche/ws08_09/Did06_04.pdf

Karaschewski, Horst, *Wesen und Weg des ganzheitlichen Rechenunterrichts*, Teil II, Stuttgart 1970.

Kranich, Ernst-Michael, et al., *Formenzeichnen. Die Entwicklung des Formensinns in der Erziehung*, Stuttgart ³2000.

Leber, Margareta / Rau, Günter, *Arbeitsheft zum Rechnen in der 3. Klasse an Waldorfschulen*, Privatdruck, Kusterdingen 2005.

Locher-Ernst, Louis, *Arithmetik und Algebra*, Dornach / Schweiz ²1984.

Padberg, Friedhelm / Benz, Christiane, *Didaktik der Arithmetik*, Heidelberg ⁴2011.

Richter, Tobias (Hrsg.), *Pädagogischer Auftrag und Unterrichtsziele. Vom Lehrplan der Waldorfschule*, Stuttgart ³2010.

Rothe, Frank, *Zahlreiche Unterrichtsmaterialien zur Algebra* (siehe www.calculemus.at).

Schuberth, Ernst, *Die Modernisierung des mathematischen Unterrichts*, Stuttgart 1971.

–, Die Winkelsumme der regelmäßigen Vielecke, in: *Aus Alternativen lernen: Waldorfschule / Odenwaldschule*, Westermanns Pädagogische Beiträge 3/1984, S. 118-121.

–, *Der Anfangsunterricht in der Mathematik an Waldorfschulen. Aufbau,*

fachliche Grundlagen und menschenkundliche Gesichtspunkte, Stuttgart [3]2012.
–, *Der Mathematikunterricht in der sechsten Klasse an Waldorfschulen. Teil I: Die Einführung der Algebra aus der Wirtschaftskunde,* Stuttgart 1994.
–, *Wirtschaftskunde und Algebra in der 7. und 8. Klasse an Waldorfschulen,* Stuttgart 2008.
–, *Der Geometrieunterricht an Waldorfschulen. Band 1: Das Formenzeichnen als tätige Geometrie,* Stuttgart [2]2008.
–, *Der Geometrieunterricht an Waldorfschulen. Band 2: Vergleichende Formenlehre und geometrische Grundkonstruktionen in den Klassen 4 und 5,* Stuttgart 1998.
–, *Der Geometrieunterricht an Waldorfschulen. Band 3: Die ersten Schritte in die beweisende Geometrie,* Stuttgart 2001.
Seume, Johann Gottfried, *Spaziergang nach Syrakus im Jahre 1802,* München 1997.
Steiner, Rudolf, *Die Geheimwissenschaft im Umriss,* GA 13, Dornach [30]1989.
–, *Ägyptische Mythen und Mysterien im Verhältnis zu den wirkenden Geisteskräften der Gegenwart,* GA 106, Dornach [5]1992.
–, *Die Geheimnisse der biblischen Schöpfungsgeschichte,* GA 122, Dornach [6]1984.
–, *Die Evolution vom Gesichtspunkte des Wahrhaftigen,* GA 132, Dornach [7]1999.
–, *Allgemeine Menschenkunde als Grundlage der Pädagogik,* GA 293, Dornach [9]1992.
–, *Erziehungskunst I, Methodisch-Didaktisches,* GA 294, Dornach [6]1990.
–, *Erziehungskunst. Seminarbesprechungen und Lehrplanvorträge,* GA 295, Dornach [4]1984.
–, *Erziehung und Unterricht aus Menschenerkenntnis,* GA 302a, Dornach [4]1993.
–, *Gegenwärtiges Geistesleben und Erziehung,* GA 307, Dornach [5]1986.
–, *Die Kunst des Erziehens aus dem Erfassen der Menschenwesenheit,* GA 311, Dornach [5]1989.
Wittmann, Erich C. / Müller, Gerhard N., *Handbuch produktiver Rechenübungen, Band 2: Vom halbschriftlichen und schriftlichen Rechnen,* Stuttgart 1991.